通常の学級でやさしい学び支援

改訂 読み書きが苦手な子どもへの〈漢字〉支援ワーク

令和６年度版 教科書対応

光村図書
１年

◇ **読めた！書けた！**漢字って簡単でおもしろい！
◇ 漢字の特徴をとらえた**新しいアプローチ！**
◇ **教科書**の新出漢字が楽しく学習できる**ワークプリント集**

竹田契一 監修　村井敏宏・中尾和人 著

明治図書

はじめに

平成十九年から全国の小中学校で一斉に開始された特別支援教育。それは、子どもたち一人ひとりがどこでつまずいているのかをしっかり把握し、その子の学び方に応じて支援をしていくという新しい教育プログラムのスタートでした。中でも読み書きが苦手な子どもたちへどのように支援していくかが大きな課題でもありました。

しかし発達障害が背景にある読み書きが苦手な子どもの場合、単なるケアレスミス、うっかりミスで出来ないのではなく、聴く力では音韻認識の弱さ、見る力では視空間処理の弱さなど大脳機能が関係する中枢神経系の発育のアンバランスが原因であることが多いのが特徴です。この場合、「ゆっくり、繰り返し教える」という学校、家庭で使われている一般的な方法では、その効果に限界がみられます。

この〈漢字〉支援ワークは新しい教科書に合わせた内容になっており、しかも教室で教わる順番に漢字学習ができるようにセットされています。またこのワークは著者の村井敏宏、中尾和人両先生方のことばの教室での長年の経験を通して子どもたちの認知特性に合わせた貴重な指導プログラムの集大成となっています。左記のような「つまずき特性」を持った子どもに対してスモールステップで丁寧に教える〈漢字〉支援のワークシートとなっています。ぜひご活用ください。

1．読みが苦手で、読みから漢字を思い出しにくい。
2．形を捉える力が弱く、漢字の形をバランス良く書けない。
3．「視機能、見る力」が弱く、漢字の細かな形が捉えられない。
4．多動性・衝動性があるため、漢字をゆっくり丁寧に書くことが苦手。
5．不注意のために、漢字を正確に覚えられず、形が少し違う漢字を書いてしまう。

漢字が苦手な子どもは、繰り返し書いて練習するだけでは覚えていけません。一人ひとりの特性に応じた練習方法があります。〈漢字〉支援ワークを使ってつまずきに応じた練習をすることにより、自分の弱点の「気づき」につながり、「やる気」を促します。

読み書きが苦手な子どもが最後に「やった、できた」という達成感を得ることが出来ることを願っています。

監修者　竹田契一

もくじ

答え

＊本書の構成は、光村図書出版株式会社の教科書を参考にしています。
＊教材プリントは、自由にコピーして教室でお使いください。
＊学習者に応じて**A4サイズに拡大**して使用することをおすすめします。

ワークシートの使い方

この本には、『通常の学級でやさしい学び支援3、4巻　読み書きが苦手な子どもへの〈漢字〉支援ワーク』に掲載されている4種類のワークについて、1年生の教科書で教わる80字の漢字すべてを収録しています。

1　ぴったりかんじ

絵を見て、文に合う「ぴったり」の漢字を書いていくワークです。
□に入る漢字の読みはルビが付けてありますが、文をしっかり読んで、意味に合う漢字が書けるように気を付けさせてください。

2　＋　かんじ　たしざん

2～3個の部首やパーツを組み合わせてできる漢字を考えさせるワークです。

部首やパーツが横に並ぶ場合、縦に並ぶ場合、重なる場合がありますが、重なる場合がやや難しくなります。「田んぼの下に力で男」というように、部首の名前や位置を唱えながら書く練習をすると、形に注意を向けながら書くことができ、漢字が覚えやすくなります。

できる漢字がわかったら、その漢字を使った熟語やことばを考えて書かせます。

3　たりないのは　どこ（かたちを　よくみて）

部分的に消えている漢字の足りない部分を見つけて、正しく書いていくワークです。

線の数や細かい部分にも注意させてください。読みの苦手な子どもには、自分で書いたことばだけを見せて、読みの練習もさせるとよいでしょう。

子どもによっては知らない熟語やことばも含まれています。子どもに意味を説明させたり、どんな風に使われるかの例を示してあげることも語いを増やしていくことにつながります。

熟語やことばとして漢字を覚えていくことは、読解の力をつけるとともに、生活に活きることばの学習につながります。

4　かんじを　いれよう

文を読み、文脈から漢字を推測して書いていくワークです。

漢字の読み方は文章の流れで決まってきます。そのため、文章を読む力が漢字の読みの力につながってきます。

ワークの左端には、□に入る漢字をヒントとして載せています。はじめはヒントの部分を折って、見ないで書かせましょう。また、漢字が苦手な子にはヒントを見せて選んで書く練習をするなど、子どものつまずきに合わせて使い分けてください。

2学期

がつ　にち

1 ぴったりかんじ 1

やくそく／うみの かくれんぼ／かずと かんじ①

なまえ

ぴったりの かんじを かこう。

① 

□《き》の したで まつ。

② 

ぞうは □《おお》きい。

③ 

□《ちい》さい おんなの こ。

④ 

いぬが □《いっ》ぴき。

⑤ 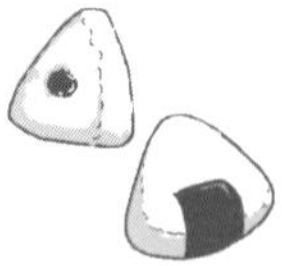

おにぎりが □《に》こ。

⑥ 

□《さん》びきの こぶた。

光村1年①

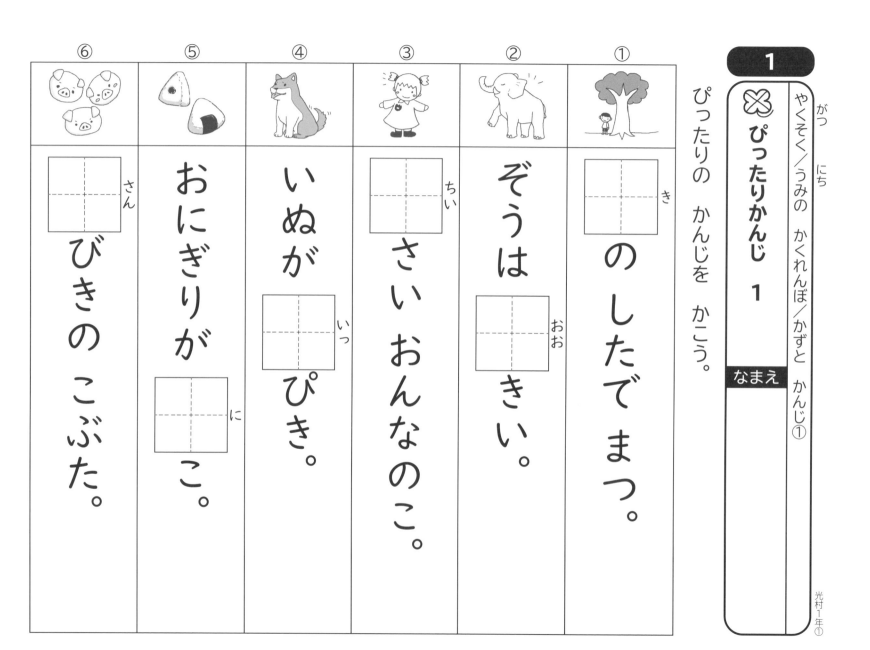

2

ぴったりかんじ 2

かずと かんじ②

がつ　にち

なまえ

ぴったりの かんじを かこう。

①

りんごが □《よん》こ。

②

こどもが □《ご》にん。

③
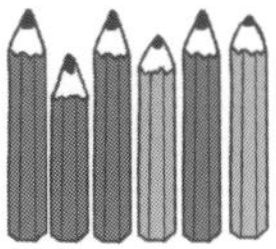

□《ろっ》ぽんの えんぴつ。

④

□《なな》いろの にじ。

⑤

あしが □《はっ》ぽん。

⑥
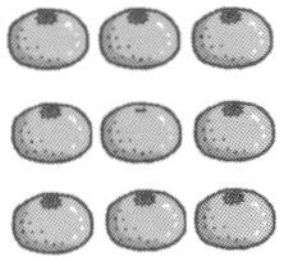

みかんが □《きゅう》こ。

光村1年①

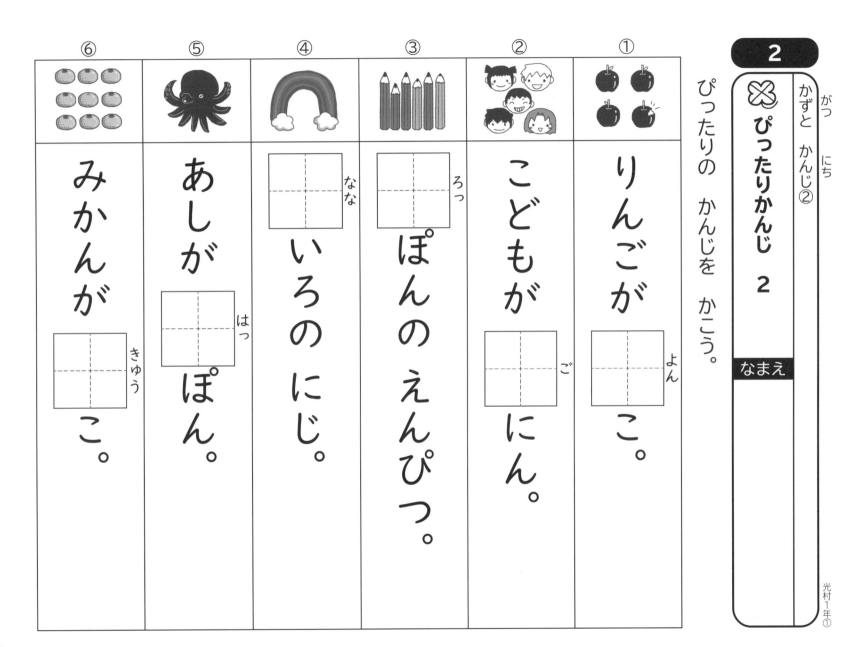

3

かずと　かんじ③／くじらぐも①

がつ　にち

ぴったりかんじ　3

なまえ

ぴったりの　かんじを　かこう。

①

□《じゅう》まで　かぞえる。

②

□《こ》ねこが　うまれる。

③

あおい　□《そら》。

④

おとこの　□《せん》せい。

⑤

一ねん　□《せい》に　なる。

⑥

げんきな　□《おとこ》のこ。

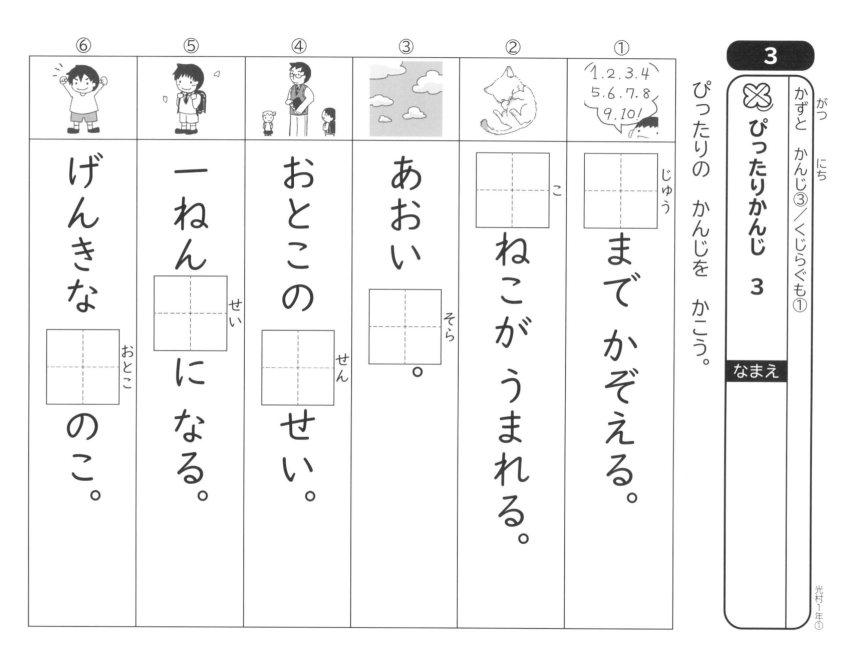

4

がつ　にち

くじらぐも②／まちがいを　なおそう①

ぴったりかんじ　4

なまえ

光村1年①

ぴったりの　かんじを　かこう。

①

かわいい□《おんな》の子。

②

□《て》をあらう。

③

□《てん》しのはね。

④

□《あお》いうみ。

⑤
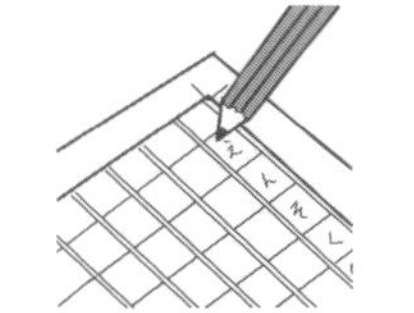

さく□《ぶん》をかく。

⑥

ふでで□《じ》をかく。

がつ　にち

5

ぴったりかんじ 5

まちがいを　なおそう②／しらせたいな、みせたいな／かん字の　はなし①

光村1年①

なまえ

ぴったりの　かんじを　かこう。

①

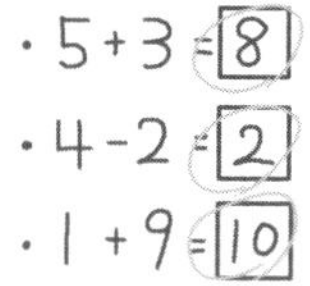

□《ただ》しい　こたえ。

②

ほしを　□《み》る。

③

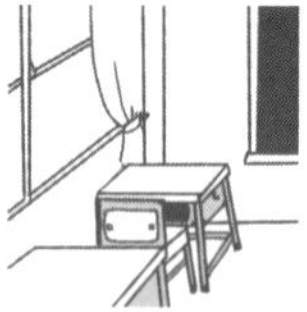

□《がっ》こうの　つくえ。

④

□《こう》ちょう先生

⑤

□《やま》に　のぼる。

⑥

□《みず》を　のむ。

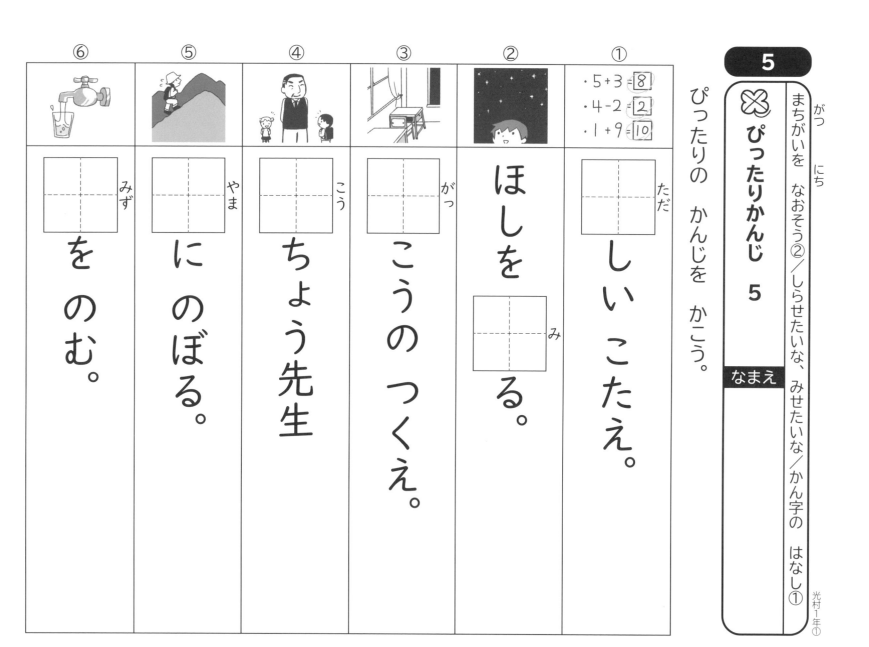

がつ　にち

かん字の　はなし②

6 ぴったりかんじ 6

なまえ

ぴったりの　かんじを　かこう。

① 

□《あめ》が　ふる。

② 

つくえの　□《うえ》の　ほん。

③ 

木の　□《した》を　さがす。

④ 

□《ひ》が　のぼる。

⑤ 

□《ひ》を　もやす。

⑥ 

□《た》うえを　する。

光村1年①

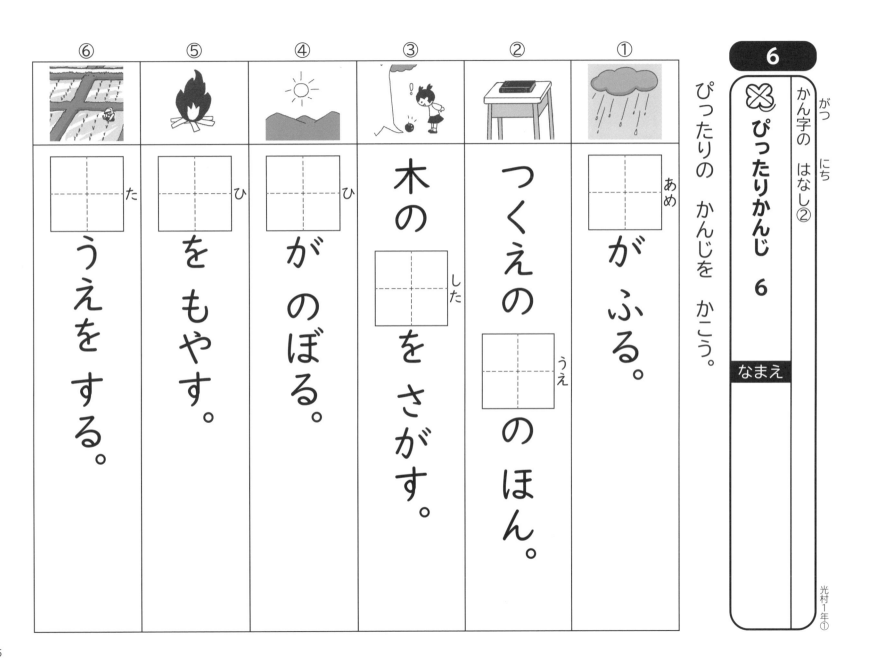

がつ　にち

7

ぴったりかんじ 7

かん字の はなし③／じどうしゃくらべ／じどうしゃずかんを つくろう

光村1年①

なまえ

ぴったりの かんじを かこう。

①

□《かわ》でさかなつり。

②

□《たけ》やぶのなか。

③

お□《つき》さまを見る。

④

じどう□《しゃ》がはしる。

⑤

男の□《ひと》。

⑥

げん□《き》いっぱい。

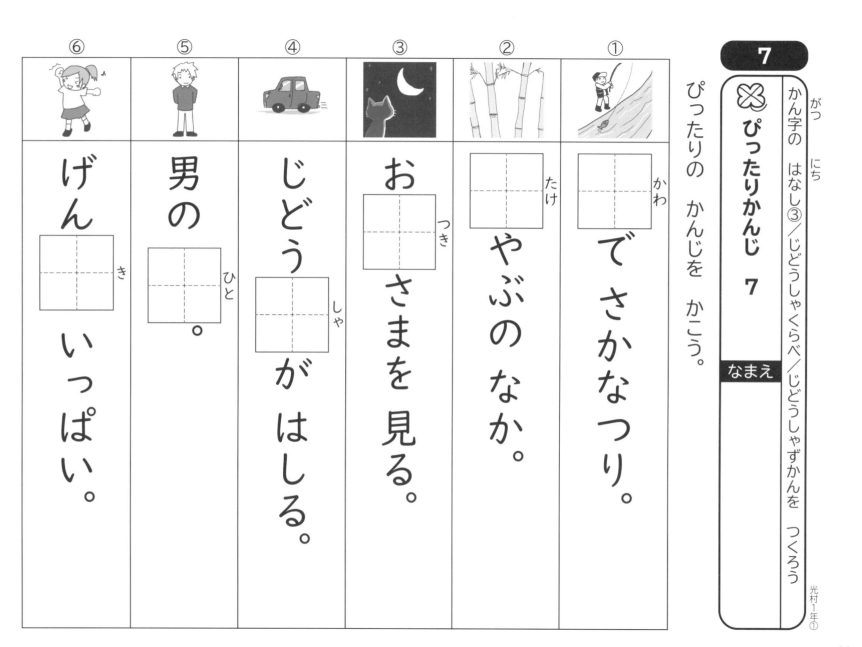

がつ　にち

たぬきの　いと車①

ぴったりかんじ　8

なまえ

ぴったりの　かんじを　かこう。

①

け□《いと》の　セーター。

②

□《め》を　ぱちくりする。

③
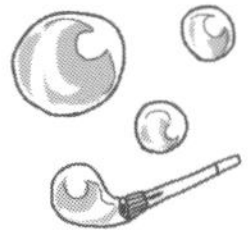
しゃぼん□《だま》　とんだ。

④

山あいの　□《むら》。

⑤

□《しろ》い　とり。

光村1年①

9

ぴったりかんじ 9

たぬきの 糸車②／日づけと よう日

がつ にち

なまえ

ぴったりの かんじを かこう。

①

□《つち》から めを だす。

②

□《おと》を ならす。

③
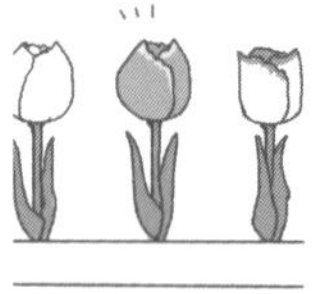

きれいな □《はな》が さく。

④

木の 下で □《やす》む。

⑤

□《むし》とりに いく。

⑥

お□《かね》を はらう。

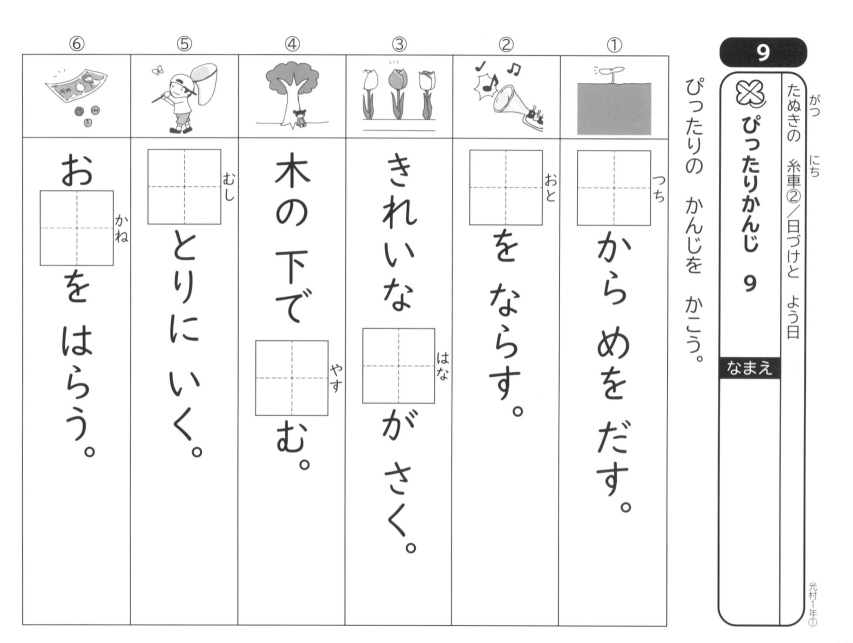

10

がつ　にち

むかしばなしを よもう／おかゆの おなべ

ぴったりかんじ 10

なまえ

ぴったりの かんじを かこう。

①

すきな □《ほん》を よむ。

②

□《もり》で まよう。

③

そとに □《で》る。

④

まん □《なか》に たつ。

⑤

□《まち》を あるく。

⑥

プールに □《はい》る。

光村1年①

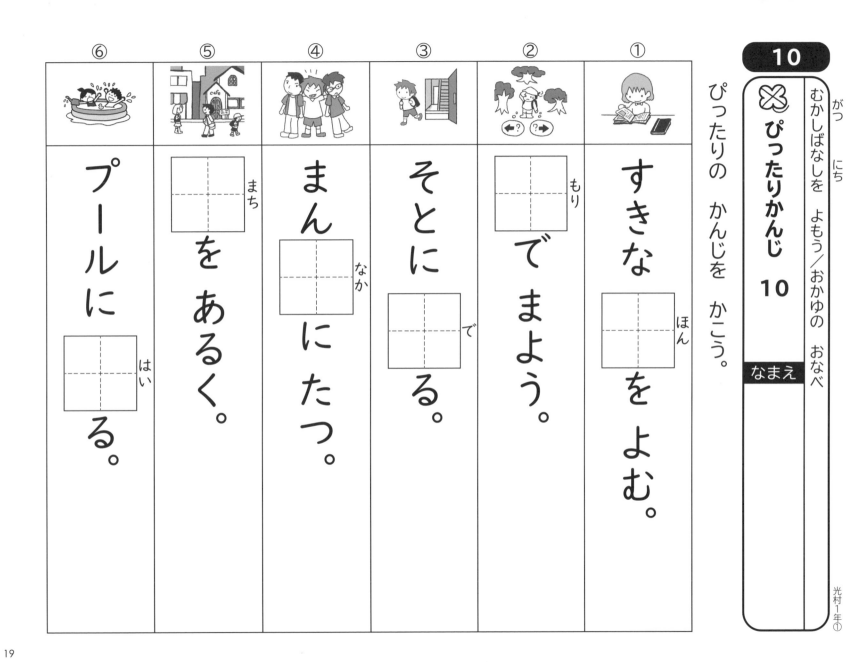

がつ　にち

11

＋かんじ　たしざん　1

やくそく／うみの　かくれんぼ／かずと　かんじ①

なまえ

かんじの　たしざんを　しよう。

＊こたえの　かんじで　ことばを　つくろう。

① 十 ＋ 八 ＝ □ ↓ ↓ ↓ □

② 一 ＋ 人 ＝ □ ↓ ↓ ↓ □

③ 亅 ＋ 八 ＝ □ ↓ ↓ ↓ □

④ 一 ＝ □ ↓ ↓ ↓ ↓ ↓ □

⑤ 一 ＋ 一 ＝ □ ↓ ↓ ↓ □

⑥ 一 ＋ 二 ＝ □ ↓ ↓ ↓ □

光村1年②

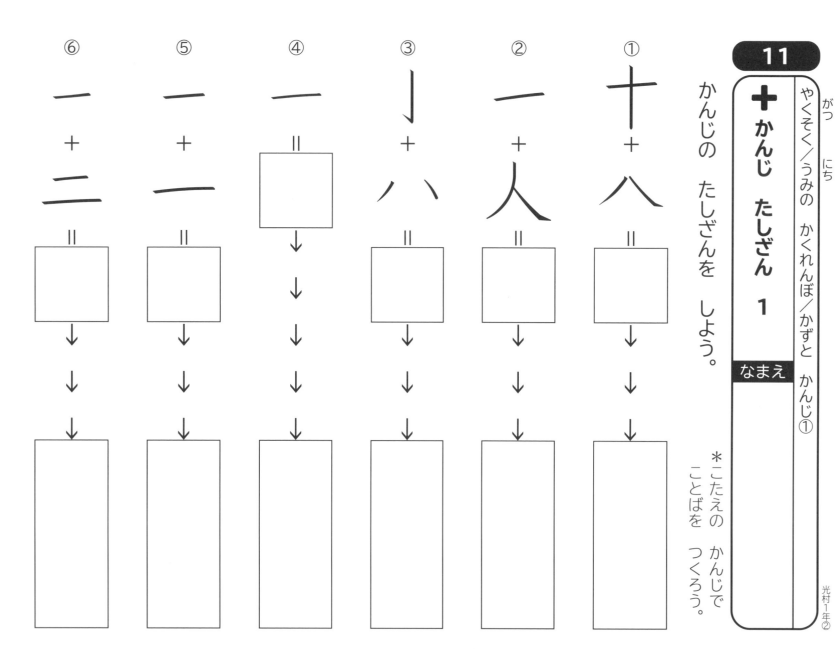

がつ　にち

かずと　かんじ②

十 かんじ　たしざん　2

なまえ

かんじの　たしざんを　しよう。

＊こたえの　かんじで　ことばを　つくろう。

① 冂 ＋ 儿 ＋ 一 ＝ □ ↓ □

② 一 ＋ 力 ＋ 一 ＝ □ ↓ □

③ 丄 ＋ 八 ＝ □ ↓ ↓ ↓ □

④ 一 ＋ 乚 ＝ □ ↓ ↓ ↓ □

⑤ ノ ＋ ㇏ ＝ □ ↓ ↓ ↓ □

⑥ ノ ＋ 乙 ＝ □ ↓ ↓ ↓ □

光村1年②

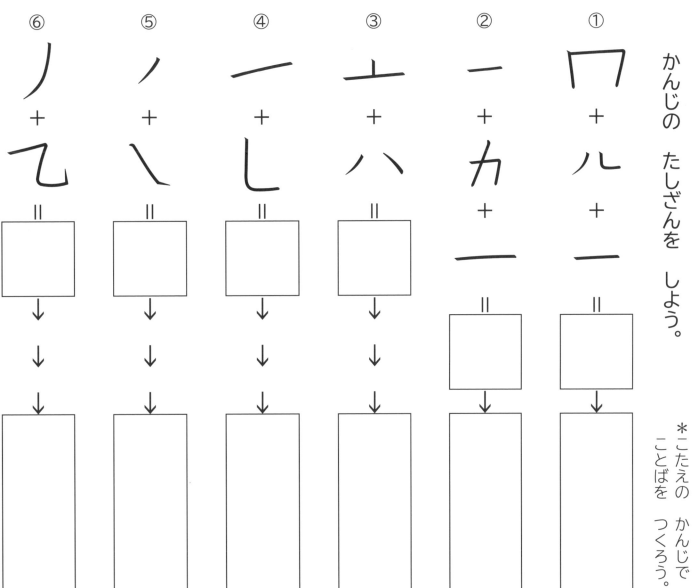

13

＋かんじ たしざん 3

がつ にち

かずと かんじ③／くじらぐも①

なまえ

かんじの たしざんを しよう。

① 一 ＋ ｜ ＝ □
↓
↓
↓
□

② 了 ＋ 一 ＝ □
↓
↓
↓
□

③ 冖 ＋ 儿 ＋ 工 ＝ □
↓
□

④ ノ ＋ 土 ＋ 儿 ＝ □
↓
□

⑤ 𠂉 ＋ ｜ ＋ 二 ＝ □
↓
□

⑥ 田 ＋ 力 ＝ □
↓
↓
↓
□

＊こたえの かんじで ことばを つくろう。

光村1年②

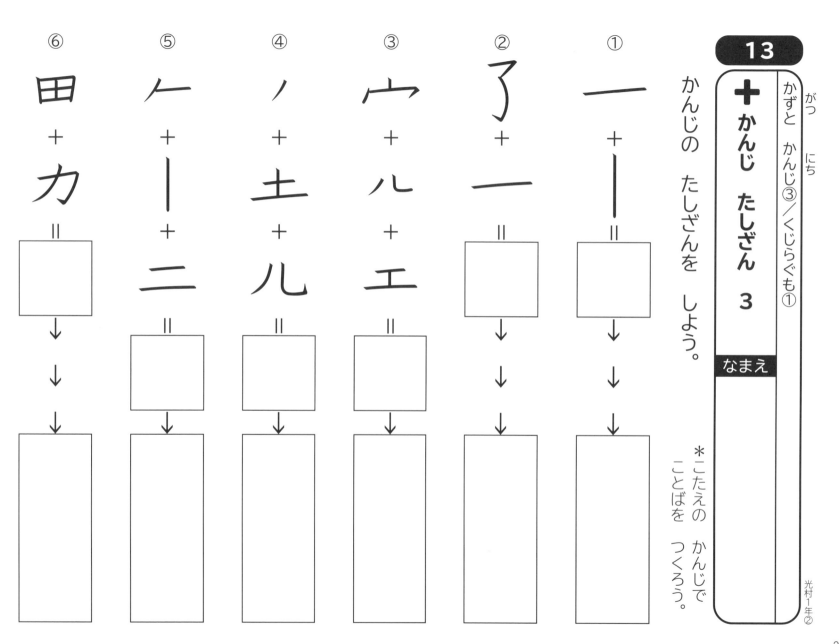

がつ　　にち

くじらぐも②／まちがいを　なおそう①

14 かんじ　たしざん　4

なまえ

かんじの　たしざんを　しよう。

＊こたえの　かんじで　ことばを　つくろう。

① く ＋ ノ ＋ 一 ＝ □ → □

② ノ ＋ 二 ＋ 亅 ＝ □ → □

③ 一 ＋ 大 ＝ □ ↓ ↓ ↓ □

④ 龶 ＋ 月 ＝ □ ↓ ↓ ↓ □

⑤ 亠 ＋ 乂 ＝ □ ↓ ↓ ↓ □

⑥ 冖 ＋ 子 ＝ □ ↓ ↓ ↓ □

がつ　にち

まちがいを　なおそう②／しらせたいな、みせたいな／かん字の　はなし①

光村1年②

15　かんじ　たしざん　5

なまえ

かんじの　たしざんを　しよう。

＊こたえの　かんじで　ことばを　つくろう。

① 一 ＋ 卜 ＋ 丄 ＝ □ → □

② 目 ＋ 儿 ＝ □ ↓ ↓ ↓ □

③ ⺍ ＋ 冖 ＋ 子 ＝ □ → □

④ 木 ＋ 亠 ＋ 父 ＝ □ → □

⑤ 丨 ＋ 凵 ＝ □ ↓ ↓ ↓ □

⑥ 亅 ＋ フ ＋ く ＝ □ → □

がつ　にち

かん字の　はなし②

16　かんじ　たしざん　6

なまえ

かんじの　たしざんを　しよう。

①　一　＋　巾　＋　丶丶丶丶　＝　□　↓　□

②　ト　＋　一　＝　□　↓　↓　↓　□

③　一　＋　ト　＝　□　↓　↓　↓　□

④　冂　＋　一　＋　一　＝　□　↓　□

⑤　丷　＋　人　＝　□　↓　↓　↓　□

⑥　冂　＋　十　＋　一　＝　□　↓　□

＊こたえの　かんじで
ことばを　つくろう。

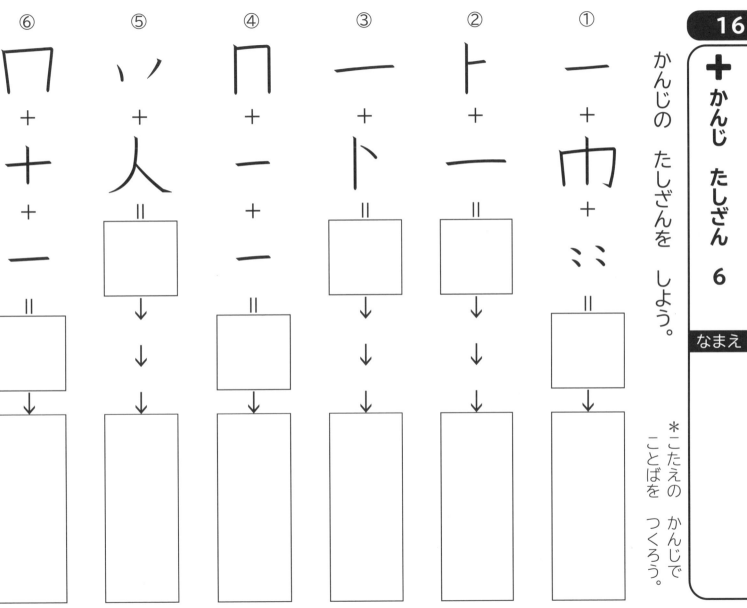

17

＋かんじ たしざん 7

かん字の はなし③／じどうしゃくらべ／じどうしゃずかんを つくろう

がつ　にち

なまえ

かんじの たしざんを しよう。

＊こたえの かんじで ことばを つくろう。

① ノ ＋ 丨 ＋ 丨 ＝ □ ↓ □

② 𠂉 ＋ 𠂉 ＝ □ ↓ ↓ ↓ □

③ 冂 ＋ 二 ＝ □ ↓ ↓ ↓ □

④ 亘 ＋ 一 ＋ 丨 ＝ □ ↓ □

⑤ ノ ＋ ㇏ ＝ □ ↓ ↓ ↓ □

⑥ 𠂉 ＋ ⺄ ＋ メ ＝ □ ↓ □

光村1年②

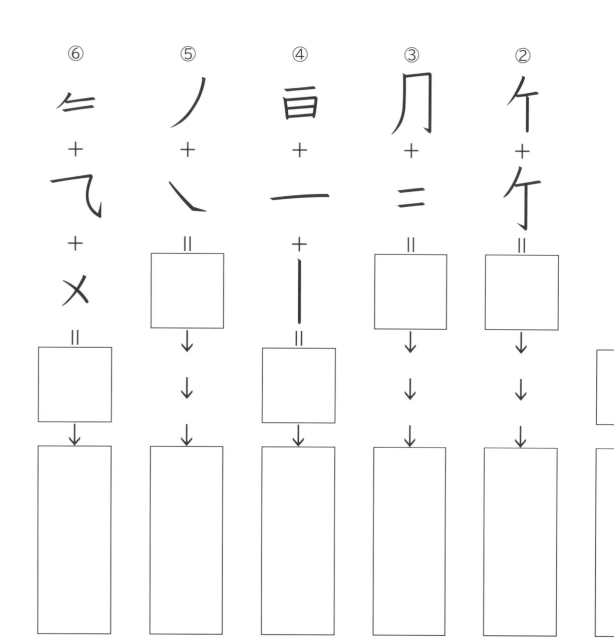

がつ　にち

たぬきの　いと車①

18

＋かんじ　たしざん　8

なまえ

かんじの　たしざんを　しよう。

＊こたえの　かんじで
ことばを　つくろう。

①　幺＋小＝□↓↓↓□

②　冂＋三＝□↓↓↓□

③　王＋、＝□↓↓↓□

④　木＋寸＝□↓↓↓□

⑤　ノ＋日＝□↓↓↓□

光村1年②

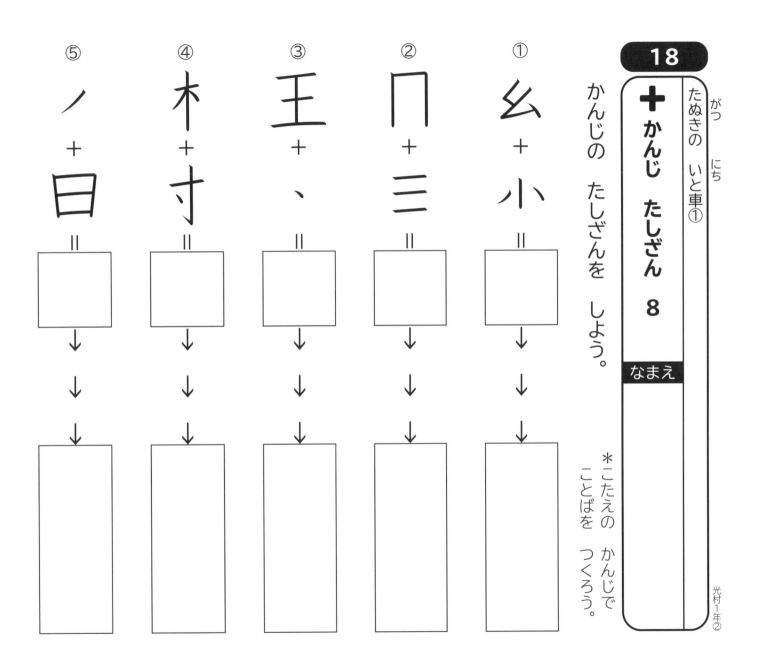

19

がつ　にち

たぬきの　糸車②／日づけと　よう日

＋かんじ　たしざん　9

なまえ

かんじの　たしざんを　しよう。

＊こたえの　かんじで　ことばを　つくろう。

① 十 ＋ 一 ＝ □ ↓ ↓ ↓ □

② 立 ＋ 日 ＝ □ ↓ ↓ ↓ □

③ 艹 ＋ 亻 ＋ 匕 ＝ □ ↓ □

④ 亻 ＋ 木 ＝ □ ↓ ↓ ↓ □

⑤ 口 ＋ 丨 ＋ 乛 ＝ □ ↓ □

⑥ 𠆢 ＋ 干 ＋ 丷 ＝ □ ↓ □

光村1年②

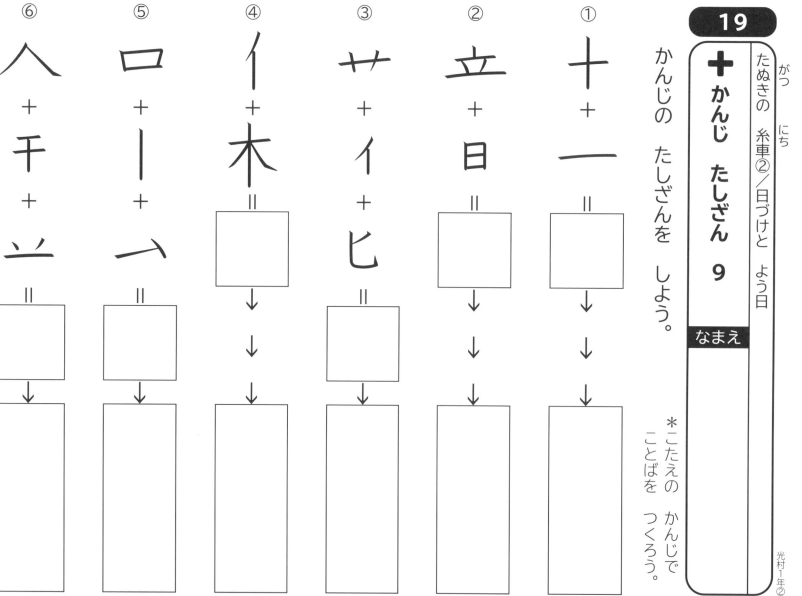

がつ　にち

むかしばなしを　よもう／おかゆの　おなべ

20

＋かんじ　たしざん　10

なまえ

かんじの　たしざんを　しよう。

＊こたえの　かんじで　ことばを　つくろう。

① 十 ＋ 八 ＋ 一 ＝ □ ↓ □

② 木 ＋ 木 ＋ 木 ＝ □ ↓ □

③ 丨 ＋ 凵 ＋ 凵 ＝ □ ↓ □

④ 口 ＋ 丨 ＝ □ ↓ ↓ ↓ □

⑤ 田 ＋ 丁 ＝ □ ↓ ↓ ↓ □

⑥ ノ ＋ ㇏ ＝ □ ↓ ↓ ↓ □

光村1年②

がつ　にち

やくそく／うみの　かくれんぼ／かずと　かんじ①

21

たりないのは　どこ（かたちを　よくみて）1

なまえ

たりない　ところを　みつけて、ただしく　かこう。

① 才《き》のぼり

② 人《おお》きい

③ ハ《ちい》さい

④ 一一《ひと》つ

⑤ 一《に》さい

⑥ 二《さん》にん

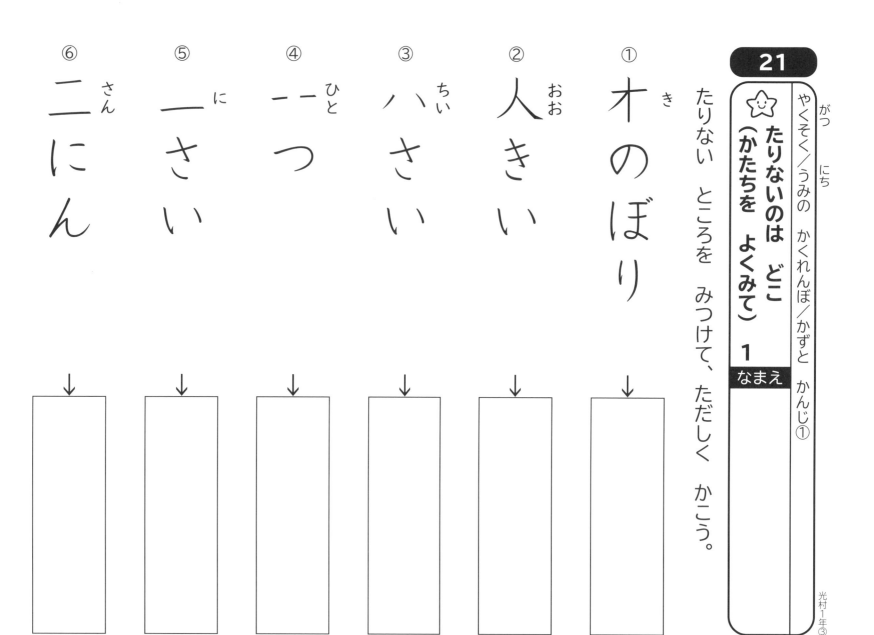

22

がつ　にち

かずと　かんじ②

たりないのは　どこ（かたちを　よくみて）２

なまえ

たりない　ところを　みつけて、ただしく　かこう。

① 《し》かく

② 《ご》がつ

③ 《ろっ》こ

④ 《しち》《ご》二《さん》

⑤ 《はち》まい

⑥ 《く》じ

光村1年③

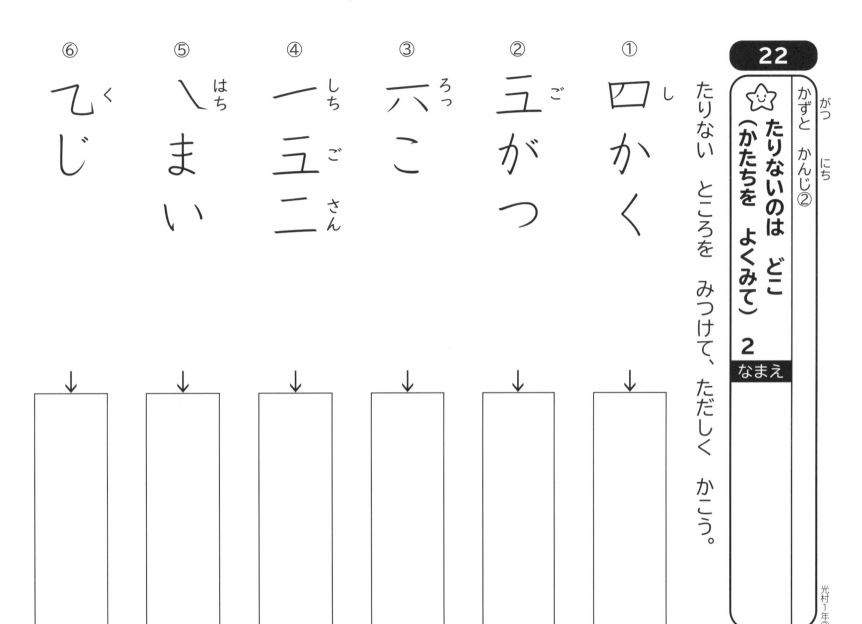

がつ　にち

かずと　かんじ③／くじらぐも①

たりないのは　どこ（かたちを　よくみて）3

なまえ

たりない　ところを　みつけて、ただしく　かこう。

① 十《じゅう》えん

② 子《こ》ども

③ 空《そら》もよう

④ 先《せん》生《せい》

⑤ 一《いち》ねん生《せい》

⑥ 男《おとこ》の子《こ》

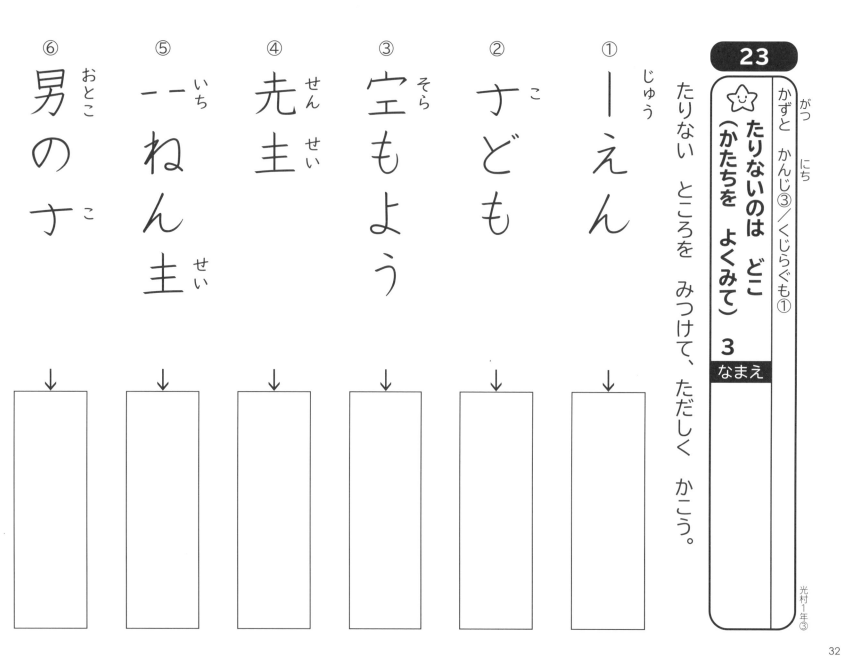

がつ　にち

くじらぐも②／まちがいを　なおそう①

☆たりないのは　どこ（かたちを　よくみて）　4

なまえ

たりない　ところを　みつけて、ただしく　かこう。

①　女《おんな》の子《こ》

②　手《て》ぶくろ

③　大《てん》き

④　青《あお》い

⑤　文《ぶん》しょう

⑥　かん字《じ》

光村1年③

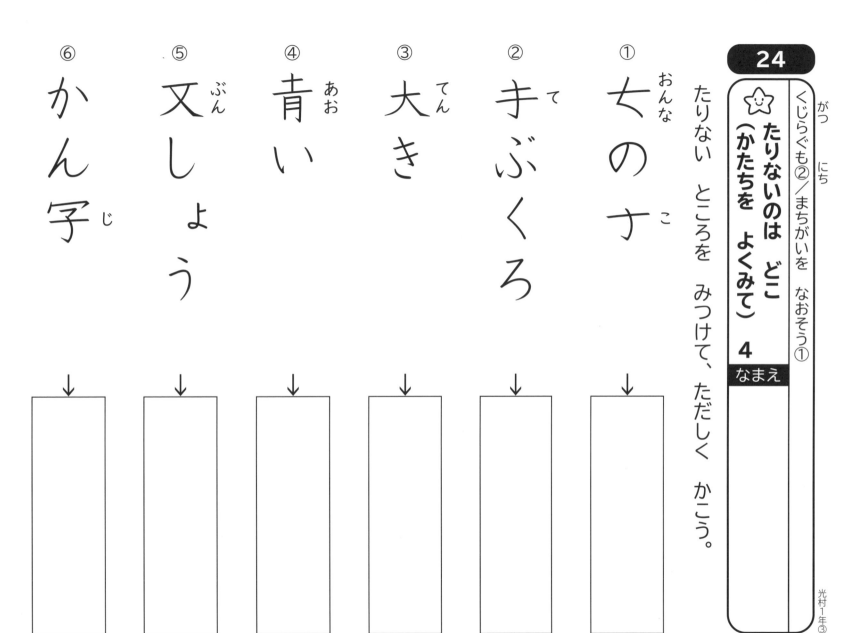

がつ　にち

25

まちがいを　なおそう②／しらせたいな、みせたいな／かん字の　はなし①

光村1年③

たりないのは　どこ（かたちを　よくみて）5

なまえ

たりない　ところを　みつけて、ただしく　かこう。

① 王《ただ》しい

② 見《み》る

③ 字《がく》しゅう

④ 校《こう》もん

⑤ 山《やま》のぼり

⑥ 水《みず》あそび

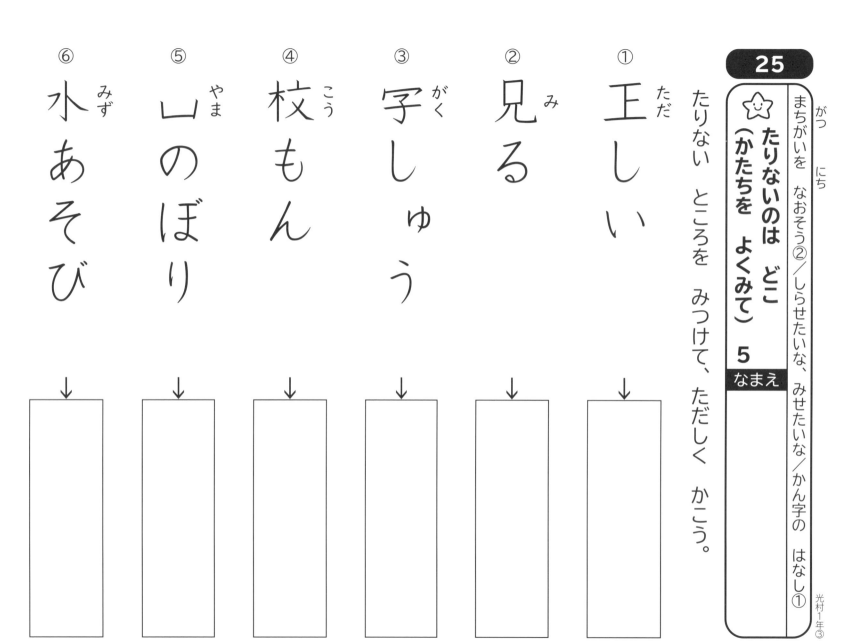

がつ　にち

かん字の　はなし②

たりないのは　どこ（かたちを　よくみて）6

なまえ

たりない　ところを　みつけて、ただしく　かこう。

①　にわか币《あめ》

②　才《き》の　上《うえ》

③　丅《した》じき

④　お口《ひ》さま

⑤　たき人《び》

⑥　曰《た》んぼ

光村1年③

かん字の　はなし③／じどうしゃくらべ／じどうしゃずかんを　つくろう

がつ　にち

27

たりないのは　どこ（かたちを　よくみて）7

なまえ

たりない　ところを　みつけて、ただしく　かこう。

① 川《かわ》あそび

② 竹《たけ》やぶ

③ お月《つき》さま

④ でん車《しゃ》

⑤ ノ《ひと》さしゆび

⑥ 気《き》もち

がつ　にち

たぬきの　いと車①

☆たりないのは　どこ（かたちを　よくみて）8

なまえ

たりない　ところを　みつけて、ただしく　かこう。

① 糸《いと》でんわ
↓

② 口《め》ぐすり
↓

③ 王《たま》いれ
↓

④ 村《むら》まつり
↓

⑤ 日《しろ》ぐみ
↓

光村1年③

たぬきの 糸車②／ひづけと ようび

がつ にち

☆たりないのは どこ（かたちを よくみて）9

なまえ

たりない ところを みつけて、ただしく かこう。

①十《ど》よう口《び》

②あし音《おと》

③花《はな》びら

④なつ什《やす》み

⑤虫《むし》かご

⑥お全《かね》

30

むかしばなしを　よもう／おかゆの　おなべ

がつ　にち

☆たりないのは　どこ（かたちを　よくみて）10

なまえ

たりない　ところを　みつけて、ただしく　かこう。

① 木《ほん》だな

② 森《もり》ごや

③ 出《で》ぐち

④ まん口《なか》

⑤ 町《まち》かど

⑥ 入《はい》る

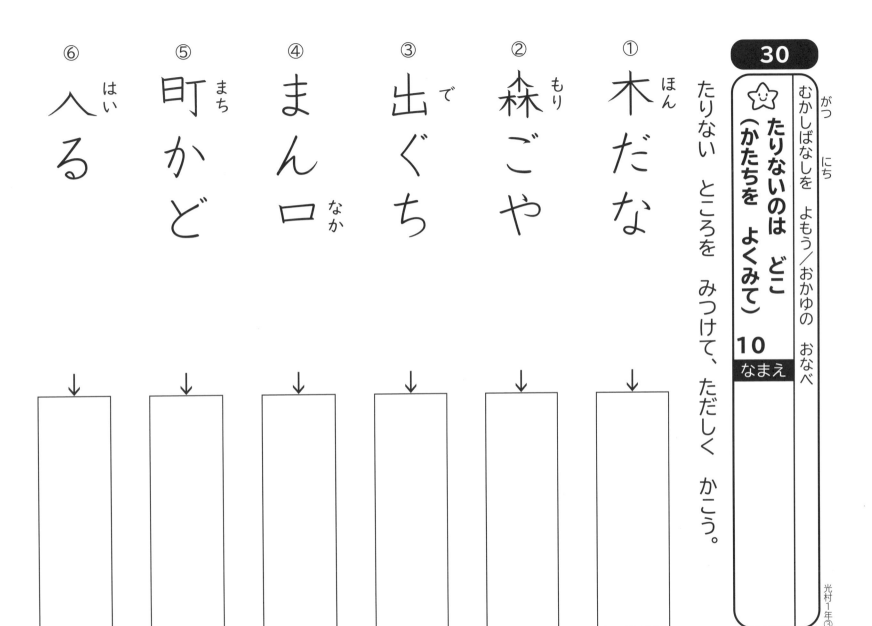

がつ　にち

やくそく／うみの　かくれんぼ／かずと　かんじ①

31 かんじを　いれよう　1

なまえ

ぶんを　よんで、ぴったりの　かんじを　いれよう。

①おとうとが、□りんしゃに　のっている。

②アフリカぞうの　みみは　とても　□きい。

③むしめがねで、□さな　ありを　みる。

④さるは、□のぼりが　とくいだ。

⑤ほうちょうで、ケーキを　□つに　きる。

⑥せかいに、ただ　□つだけの　たからものだ。

ヒント　木　大　小　一　二　三

光村1年④

がつ　にち

光村1年④

32 かんじを いれよう 2

かずと かんじ②

なまえ

ぶんを よんで、ぴったりの かんじを いれよう。

①たこの あしは、□ぽん ある。

②あめあがりに、□いろの にじが かかる。

③おかしが、□かくい はこに はいっている。

④てと あしには、□ほんの ゆびが ある。

⑤十から 一を ひくと、□に なる。

⑥四と □を あわせると、十に なる。

ヒント
四　五　六　七　八　九

光村1年④

33

がつ　にち

かずと　かんじ③／くじらぐも①

かんじを　いれよう　3

なまえ

ぶんを　よんで、ぴったりの　かんじを　いれよう。

①五えんだまが　二まいで、□えんに　なる。

②こうえんで、□どもたちが　あそんでいる。

③ひこうきが、あおい　□を　とんでいる。

④かんじの　しゅくだいを、□せいに　みせる。

⑤一ねん□が、えんそくに　いく。

⑥おとうさんと　ぼくは、□どうし。

ヒント

空　男　先　十　生　子

がつ　にち

34

かんじを　いれよう　4

くじらぐも②／まちがいを　なおそう①

なまえ

ぶんを　よんで、ぴったりの　かんじを　いれよう。

①あかい　スカートを　はいた　□の子。

②みんなで　□を　つないで、まるく　なる。

③あしたは　はれるか、□きよほうを　みた。

④よい　てんきで、□い　空が　ひろがる。

⑤えんそくの　ことを、さく□に　かく。

⑥ならった　かん□を　れんしゅうする。

ヒント　天　手　字　文　女　青

光村1年④

がつ　にち

35 かんじを いれよう 5

まちがいを なおそう②／しらせたいな、みせたいな／かん字の はなし①

なまえ

光村1年④

ぶんを よんで、ぴったりの かんじを いれよう。

① あの子は いつも、れいぎ□しい。

② お手ほんを、よく □て かきましょう。

③ まいあさ、八じに □こうに つく。

④ クラスに、あたらしい てん□生が きた。

⑤ たかい□の うえに、ゆきが つもっている。

⑥ あめが ふって、□たまりが できた。

ヒント　正　校　見　水　学　山

がつ　にち

かん字の　はなし②

36

かんじを　いれよう　6

なまえ

ぶんを　よんで、ぴったりの　かんじを　いれよう。

①きょうは、あさから　□が　ふって　いる。

②つくえの　□に、りんごが　のって　いる。

③つくえの　□に、えんぴつを　おとした。

④きょうは　くもりで、お□さまが　見えない。

⑤水を　かけて、たきびの　□を　けした。

⑥おじいさんが、□んぼで　おこめを　つくる。

ヒント

下　田　上　雨　火　日

光村1年④

がつ　にち

かん字の はなし③／じどうしゃくらべ／じどうしゃずかんを つくろう

光村1年④

37 かんじを いれよう 7

なまえ

ぶんを よんで、ぴったりの かんじを いれよう。

①はしの 下に □が ながれている。

②かぐやひめは、□から うまれた。

③こんやは、まんまるな お□さまが でた。

④おとうさんは、でん□で かいしゃに いく。

⑤バスは、たくさんの □を のせて はしる。

⑥かたちに □を つけて かきましょう。

ヒント

人 月 車 川 気 竹

がつ　にち

38 かんじを　いれよう　8

たぬきの　いと車①

なまえ

ぶんを　よんで、ぴったりの　かんじを　いれよう。

①はりに □ を　とおして、ボタンを　つける。

②きょうは、あさ　六じに □ が　さめた。

③うんどうかいで、□ いれを　しました。

④山おくに、小さな □ が　ありました。

⑤いちめんに、□ い　ゆきが　つもりました。

ヒント

白　目　村　糸　玉

39

がつ　にち

たぬきの　糸車②／日づけと　よう日

かんじを　いれよう　9

なまえ

ぶんを　よんで、ぴったりの　かんじを　いれよう。

①あさがおの　たねを、□に　うめました。

②とおくで、はな火の　□が　きこえました。

③かぜが　ふいて、さくらの　□びらが　ちる。

④なつ□みに、うみで　およぎました。

⑤とんぼを　つかまえて、□かごに　いれる。

⑥ほんを　かって、お□を　はらいました。

ヒント

金　花　虫　休　音　土

光村1年④

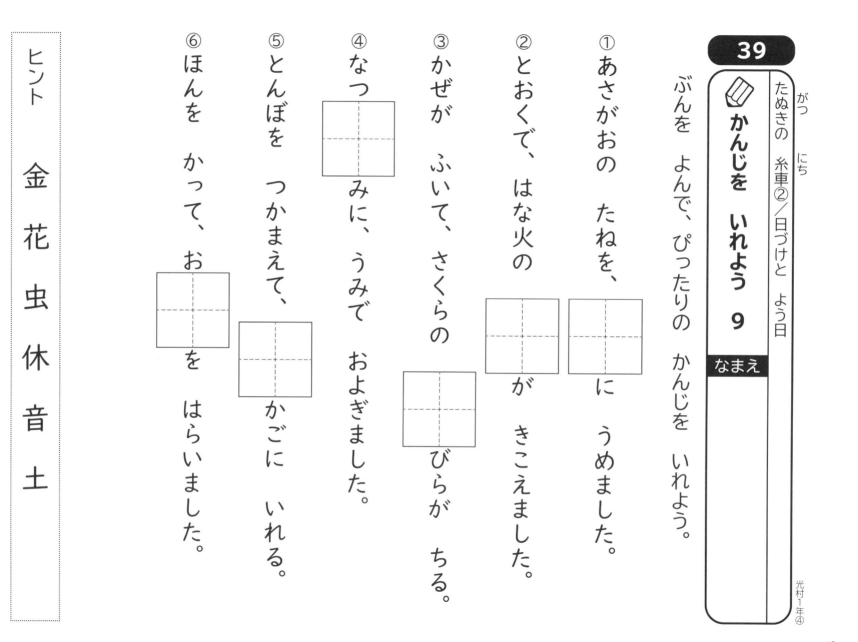

がつ　にち

40

かんじを　いれよう　10

むかしばなしを　よもう／おかゆの　おなべ

なまえ

光村1年④

ぶんを　よんで、ぴったりの　かんじを　いれよう。

①としょかんで、□を　二さつ　かりました。

②□や　はやしには、木が　たくさん　ある。

③山の　上から、月が　□る。

④ふくろの　□には、なにが　あるでしょう。

⑤むこうの　□かどに、ポストが　たっている。

⑥きょうの　二じかん目は、プールに　□る。

ヒント

出　本　町　入　中　森

3 学期

ぴったりかんじ 11

どうぶつの あかちゃん①

がつ　にち

なまえ

光村1年①

ぴったりの かんじを かこう。

①

□《あか》ちゃんを だっこ。

②

□《みみ》を すます。

③

りっぱな □《おう》さま。

④

□《くち》を あける。

⑤

ぼくは 一□《ねん》生。

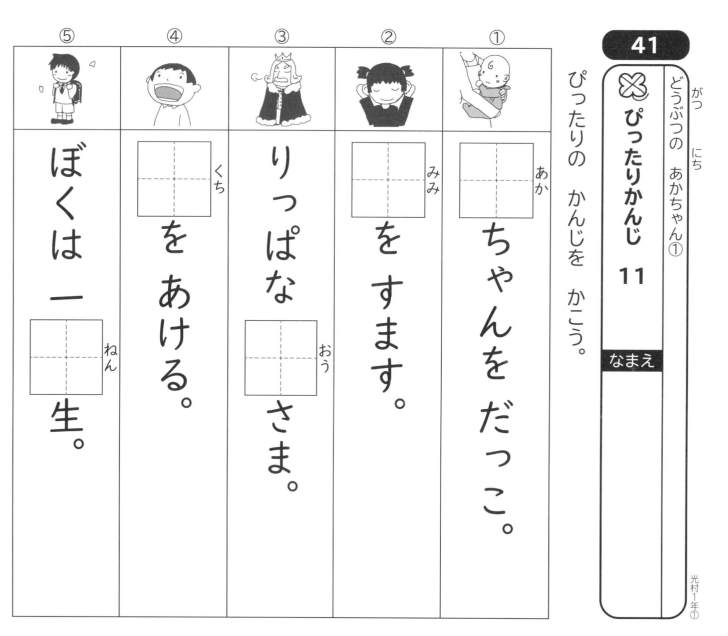

42

ぴったりかんじ 12

なまえ

がつ　にち

どうぶつの 赤ちゃん②／ものの なまえ①

ぴったりの かんじを かこう。

①

ろうそくを □《た》てる。

②
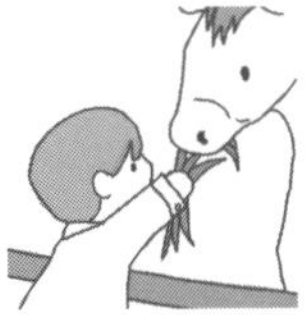
うまに □《くさ》を やる。

③

□《な》ふだを つける。

④

うつくしい □《ゆう》やけ。

⑤

□《ひゃく》てんを とった。

⑥

ひゃく □《えん》玉

光村1年①

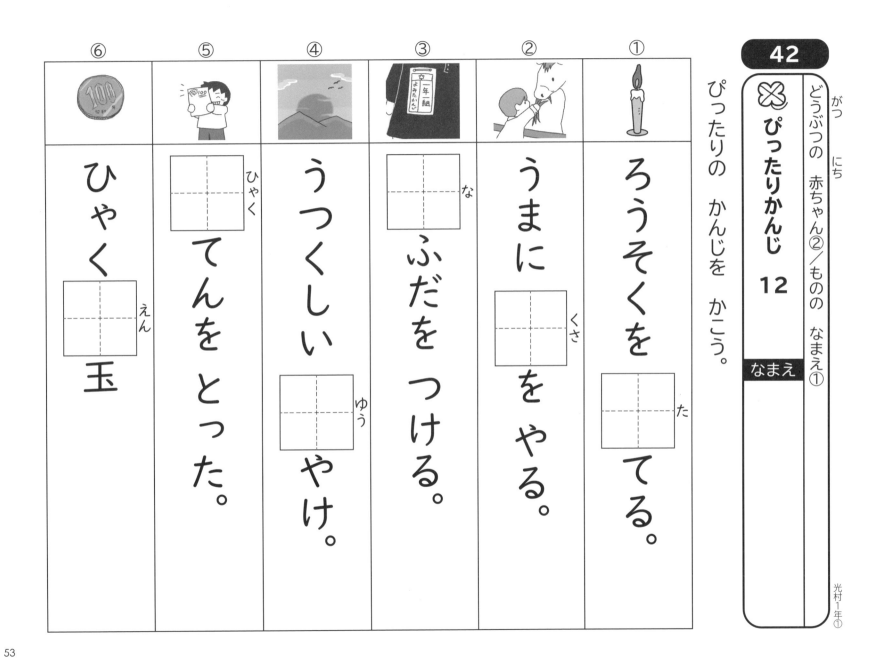

ぴったりかんじ 13

なまえ

もののなまえ②／ずうっと、ずっと、大すきだよ／にて いる かん字①

がつ　にち

光村1年①

ぴったりの かんじを かこう。

①

□《せん》円さつ

②

□《いぬ》の さんぽ。

③

あさ □《はや》く おきる。

④

□《かい》がらを 見つけた。

⑤

□《はやし》で かくれんぼ。

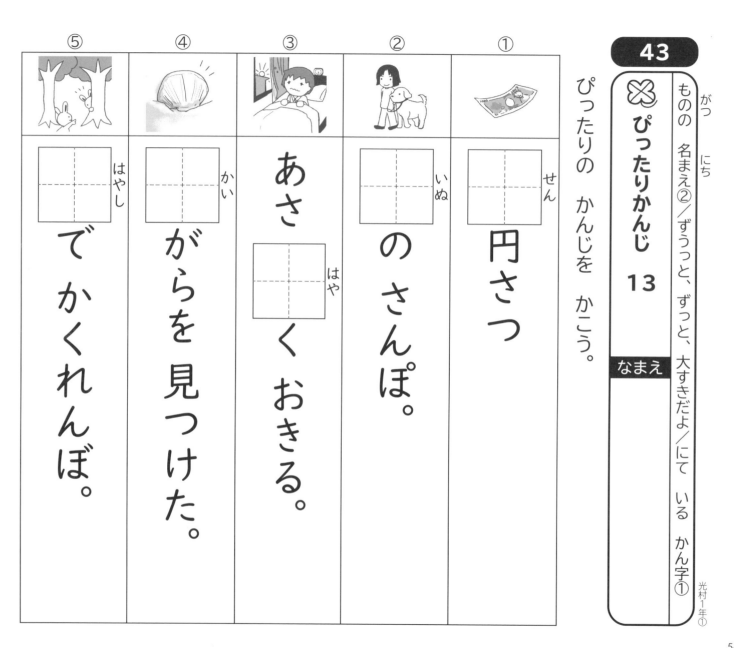

ぴったりかんじ 14

にて いる かん字②／いい こと いっぱい、一年生

がつ　にち

なまえ

ぴったりの かんじを かこう。

①

□《みぎ》手を 上げる。

②

みぎ □《あし》を 上げる。

③

□《いし》ころを ならべる。

④

□《ひだり》ききの 子ども。

⑤

□《ちから》もちだぞ。

光村1年①

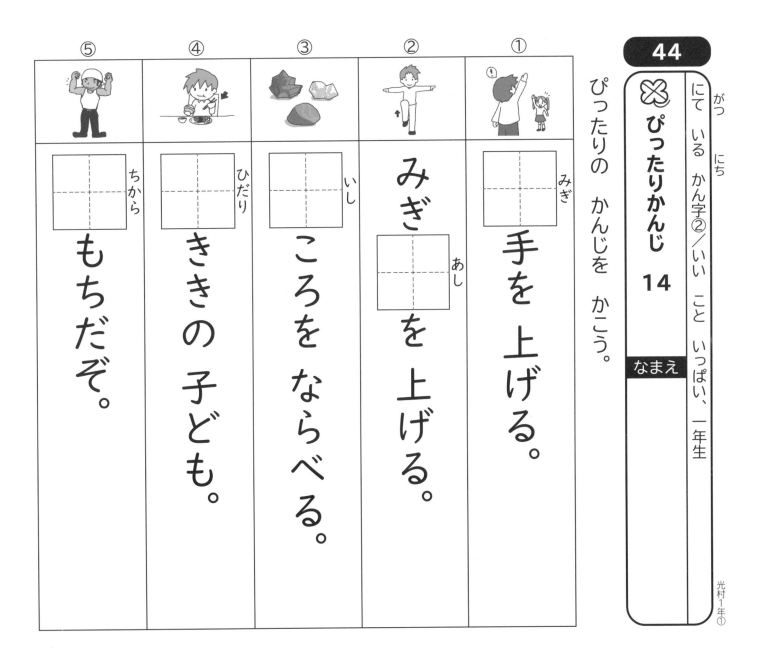

がつ　にち

どうぶつの　あかちゃん①

45

＋かんじ　たしざん　11

なまえ

かんじの　たしざんを　しよう。

＊こたえの　かんじで　ことばを　つくろう。

① 土 ＋ リ ＋ ハ ＝ □ → □

② 一 ＋ ⺊ ＋ 丨 ＝ □ → □

③ 丅 ＋ 二 ＝ □ → → → □

④ 冂 ＋ 一 ＝ □ → → → □

⑤ 𠂉 ＋ 工 ＋ 丨 ＝ □ → □

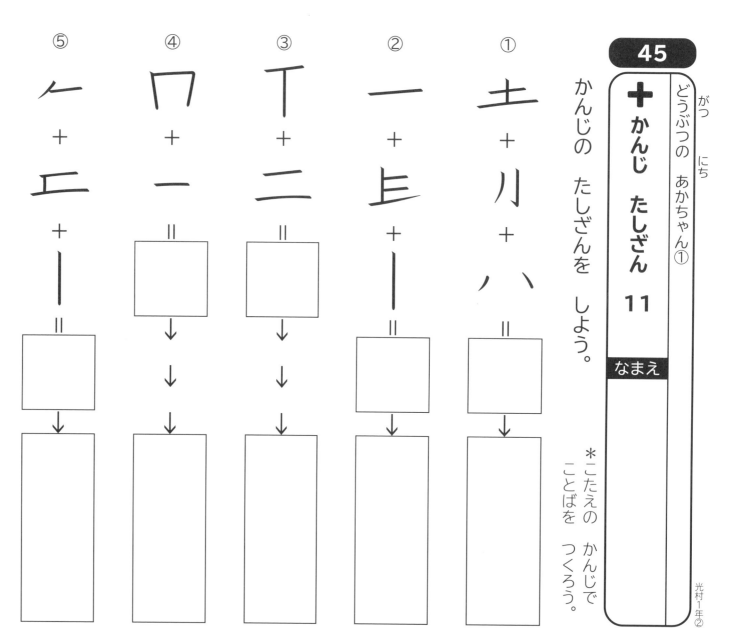

＋かんじ たしざん 12

なまえ

どうぶつの 赤ちゃん②／ものの なまえ①

がつ にち

かんじの たしざんを しよう。

＊こたえの かんじで ことばを つくろう。

① 亠 ＋ リ ＋ 一 ＝ □ → □

② 艹 ＋ 日 ＋ 十 ＝ □ → □

③ ⺍ ＋ 口 ＝ □ ↓ ↓ ↓ □

④ ク ＋ 、 ＝ □ ↓ ↓ ↓ □

⑤ 一 ＋ 白 ＝ □ ↓ ↓ ↓ □

⑥ 冂 ＋ 亠 ＝ □ ↓ ↓ ↓ □

光村1年②

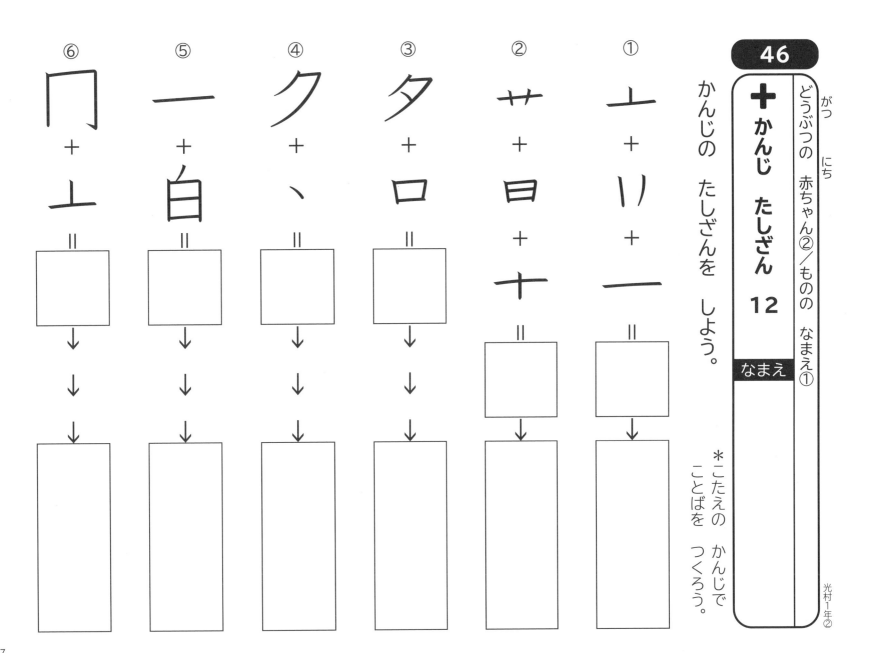

がつ　にち

47
＋かんじ たしざん 13

なまえ

かんじの たしざんを しよう。

*こたえの かんじで ことばを つくろう。

① ノ ＋ 十 ＝ □ ↓ ↓ ↓ □

② 大 ＋ 、 ＝ □ ↓ ↓ ↓ □

③ 日 ＋ 十 ＝ □ ↓ ↓ ↓ □

④ 目 ＋ 八 ＝ □ ↓ ↓ ↓ □

⑤ 木 ＋ 木 ＝ □ ↓ ↓ ↓ □

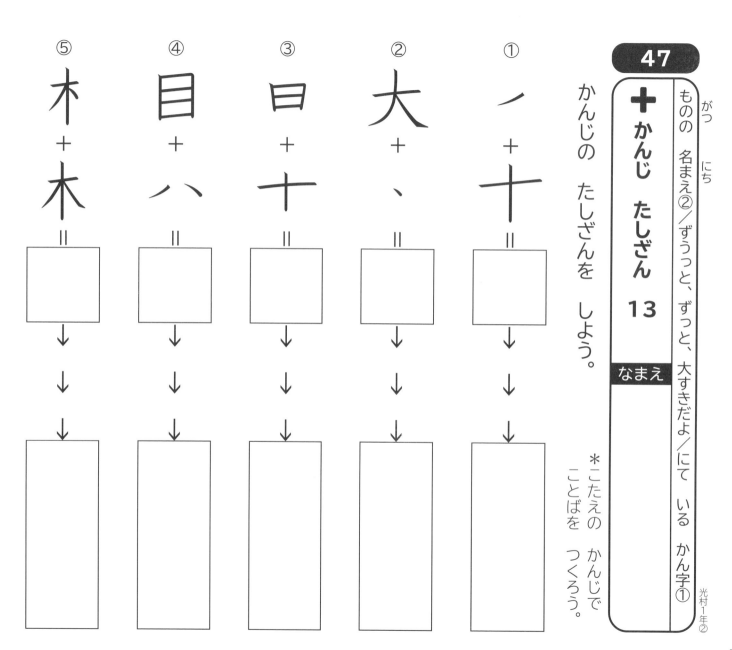

がつ　にち

にて いる かん字②／いい こと いっぱい、一年生

48 ＋かんじ たしざん 14

なまえ

かんじの たしざん を しよう。

＊こたえの かんじで ことばを つくろう。

① ナ ＋ 口 ＝ □ ↓ ↓ ↓ □

② 口 ＋ ト ＋ 人 ＝ □ ↓ □

③ 厂 ＋ 口 ＝ □ ↓ ↓ ↓ □

④ ナ ＋ エ ＝ □ ↓ ↓ ↓ □

⑤ フ ＋ ノ ＝ □ ↓ ↓ ↓ □

光村1年②

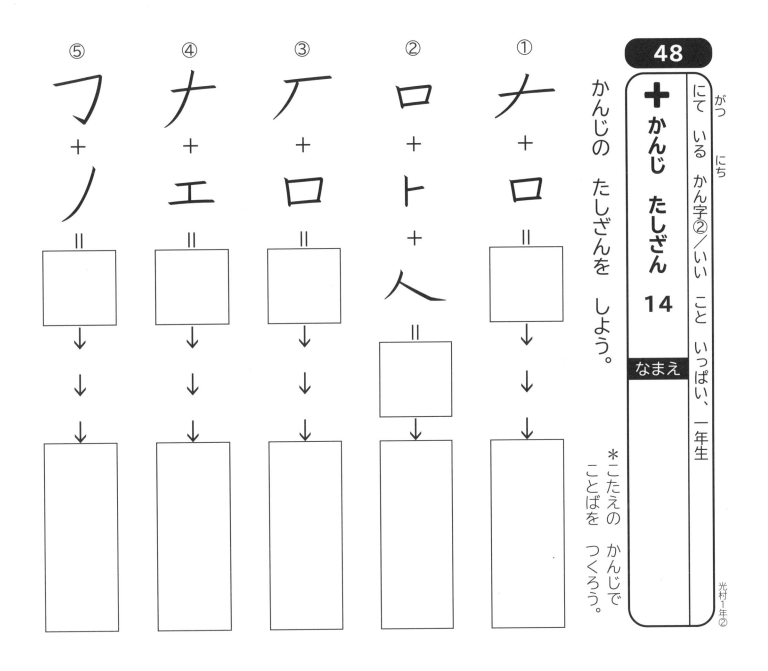

がつ　にち

ふくしゅうもんだい①

49 ＋かんじ　たしざん　15

なまえ

かんじの　たしざんを　しよう。

＊こたえの　かんじで　ことばを　つくろう。

① 冂 ＋ 二 ＝ □ ↓ ↓ ↓ □

② 丷 ＋ 人 ＝ □ ↓ ↓ ↓ □

③ 亅 ＋ フ ＋ く ＝ □ ↓ □

④ 十 ＋ 八 ＝ □ ↓ ↓ ↓ □

⑤ 𠆢 ＋ 干 ＋ 丷 ＝ □ ↓ □

⑥ 十 ＋ 一 ＝ □ ↓ ↓ ↓ □

光村1年②

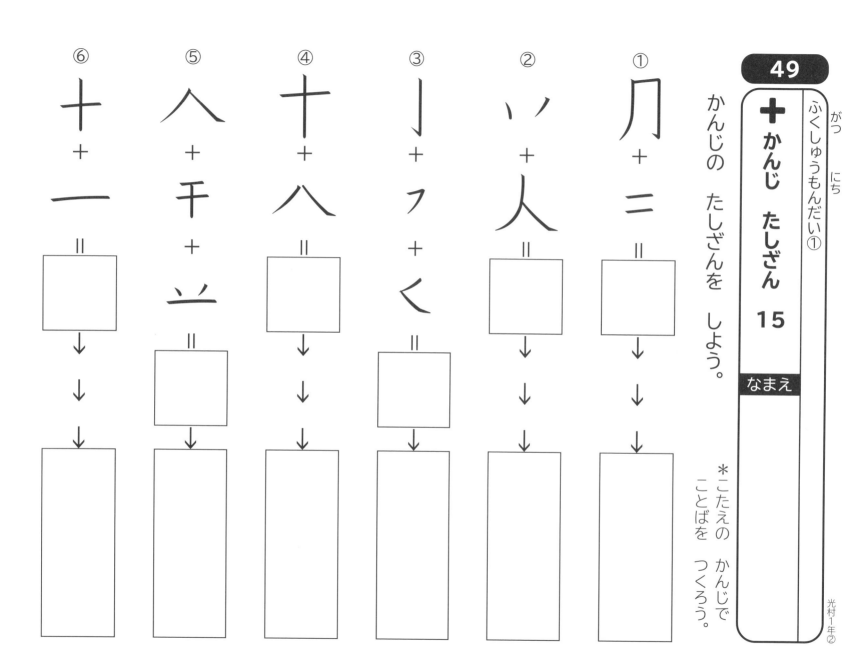

50

＋かんじ たしざん 16

ふくしゅうもんだい②

がつ　にち

なまえ

かんじの たしざんを しよう。

＊こたえの かんじで ことばを つくろう。

① 冂 ＋ 三 ＝ □ ↓ ↓ ↓ □

② ノ ＋ 二 ＋ 亅 ＝ □ ↓ □

③ 一 ＋ 上 ＋ 丨 ＝ □ ↓ □

④ 口 ＋ ト ＋ 人 ＝ □ ↓ □

⑤ 冂 ＋ 一 ＝ □ ↓ ↓ ↓ □

⑥ ノ ＋ ㇏ ＝ □ ↓ ↓ ↓ □

光村1年②

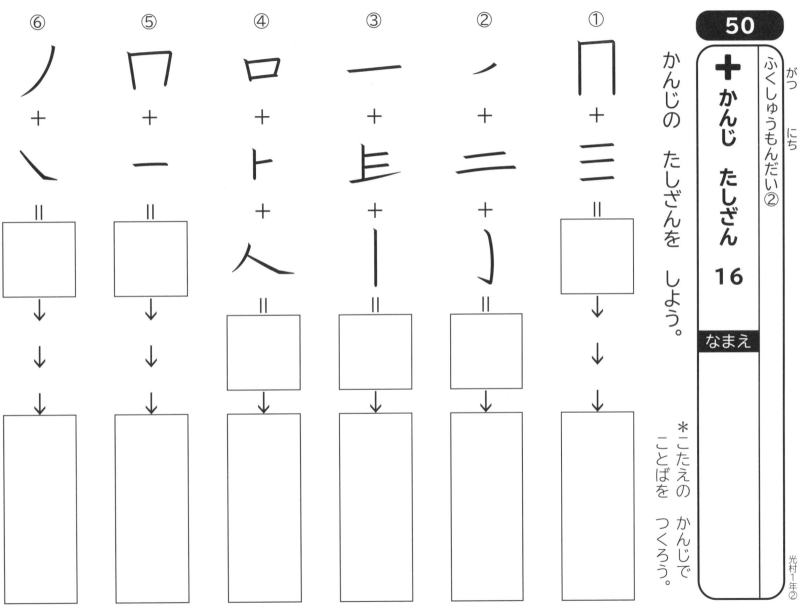

がつ　にち

51

どうぶつの　あかちゃん①

たりないのは　どこ（かたちを　よくみて）11

なまえ

たりない　ところを　みつけて、ただしく　かこう。

①　赤《あか》ちゃん

②　耳《みみ》かき

③　王《おう》さま

④　口《くち》ぶえ

⑤　らい年《ねん》

がつ　にち

どうぶつの　赤ちゃん②／ものの　なまえ①

52

たりないのは　どこ（かたちを　よくみて）12

なまえ

たりない　ところを　みつけて、ただしく　かこう。

① 立《た》つ

② 草《くさ》むら

③ 名《な》ふだ

④ ク《ゆう》やけ

⑤ 百《ひゃく》てん

⑥ 五《ご》円《えん》

光村1年③

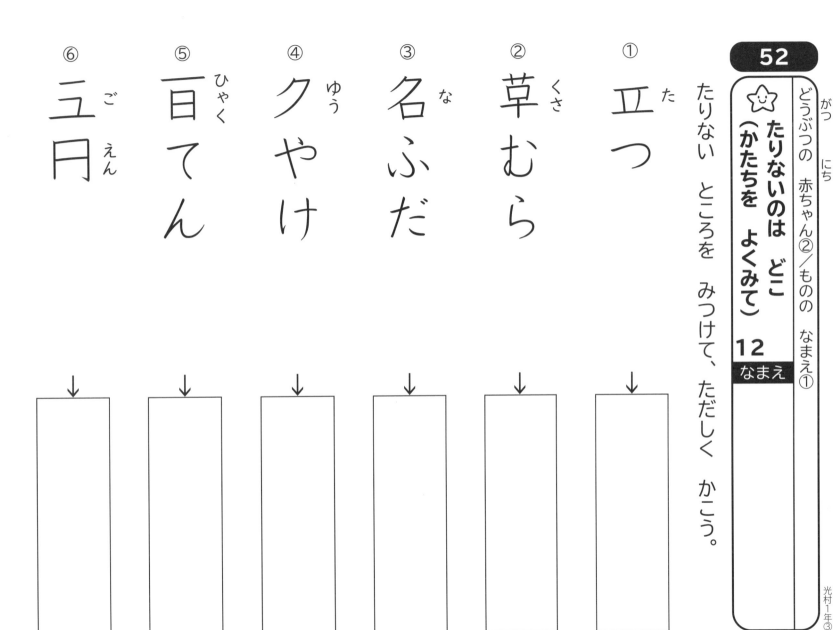

がつ　にち

光村1年③

ものの　名まえ②／ずうっと、ずっと、大すきだよ／にて　いる　かん字①

53

☆たりないのは　どこ（かたちを　よくみて）13

なまえ

たりない　ところを　みつけて、ただしく　かこう。

① 十《せん》にん

↓

② 大《いぬ》ごや

↓

③ 早《はや》おき

↓

④ 只《かい》がら

↓

⑤ 竹《たけ》材《ばやし》

↓

がつ　にち

にて　いる　かん字②／いい　こと　いっぱい、一年生

54

たりないのは　どこ（かたちを　よくみて）

14

なまえ

たりない　ところを　みつけて、ただしく　かこう。

① 右《みぎ》手《て》
↓

② 足《あし》あと
↓

③ 石《いし》ころ
↓

④ 左《ひだり》がわ
↓

⑤ 刀《ちから》もち
↓

がつ　にち

ふくしゅうもんだい①

☆たりないのは　どこ（かたちを　よくみて）15

なまえ

たりない　ところを　みつけて、ただしく　かこう。

① 花《はな》びら

② 森《もり》ごや

③ 川《かわ》あそび

④ 草《くさ》むら

⑤ 竹《たけ》やぶ

⑥ 山《やま》のぼり

光村1年③

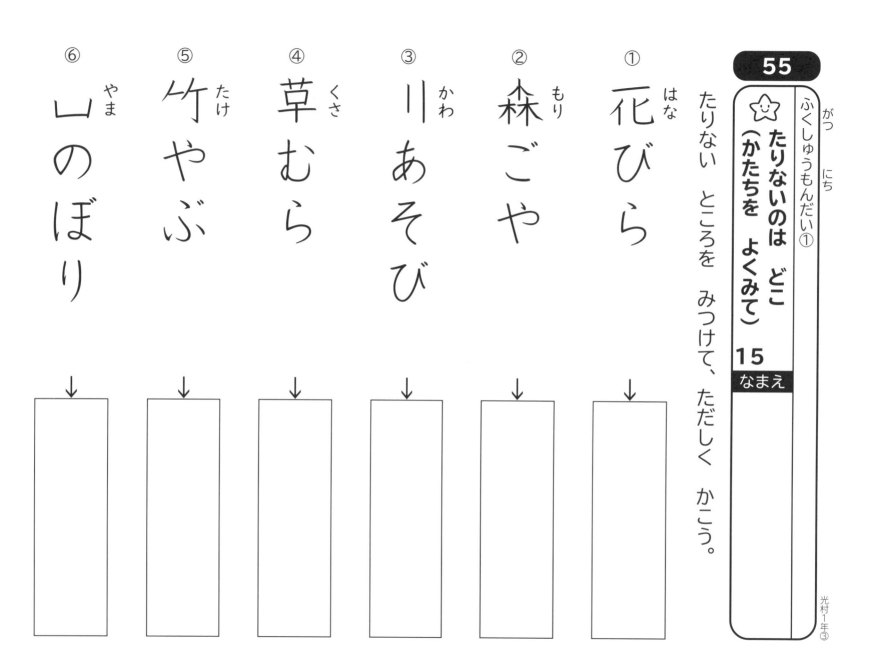

がつ　にち

ふくしゅうもんだい②

56

☆たりないのは　どこ（かたちを　よくみて）16

なまえ

たりない　ところを　みつけて、ただしく　かこう。

① お冂《つき》さま

↓

② たき人《び》

↓

③ 水《みず》あそび

↓

④ 才《き》のぼり

↓

⑤ お全《かね》

↓

⑥ 十《ど》よう口《び》

↓

がつ　にち

光村1年④

57

どうぶつの　あかちゃん①

かんじを　いれよう　11

なまえ

ぶんを　よんで、ぴったりの　かんじを　いれよう。

①車が、□しんごうで　とまった。

②もの音が　したので、□を　すました。

③あの　おしろには、□さまが　すんでいる。

④大きな　□を　あけて、うたいましょう。

⑤らい□は、二ねん生に　なります。

ヒント
王　耳　赤　年　口

58

どうぶつの　赤ちゃん②／ものの　なまえ①

かんじを　いれよう　12

なまえ

光村1年④

ぶんを　よんで、ぴったりの　かんじを　いれよう。

①ケーキに　ろうそくを、七本　□てる。

②おかあさんと、にわの　□むしりを　する。

③学校に　いるときは、□ふだを　つける。

④きのうの　□がた、かいものに　いきました。

⑤かん字の　テストで、□てんを　とった。

⑥五ひゃく□　もらって、かいものを　する。

ヒント　夕　立　名　百　円　草

がつ　にち

ものの 名まえ②／ずうっと、ずっと、大すきだよ／にて いる かん字①

光村1年④

59 かんじを いれよう 13

なまえ

ぶんを よんで、ぴったりの かんじを いれよう。

① かいもので、□円さつを 出した。

② こうえんまで、□を さんぽに つれて いく。

③ きょうは、いつもより □おきを しました。

④ すなはまで、□がらを 見つけました。

⑤ 森や □には、木が たくさん ある。

ヒント
早　林　犬　貝　千

がつ　にち

にて いる かん字②／いい こと いっぱい、一年生

かんじを いれよう 14

なまえ

光村1年④

ぶんを よんで、ぴったりの かんじを いれよう。

①ひだり手と □ 手を あわせました。

②ボールを □ で、おもいきり けった。

③川へ あそびに いって、□ を ひろう。

④車は、どうろの □ がわを はしる。

⑤おとうさんは、とても □ もちです。

ヒント

足 力 左 石 右

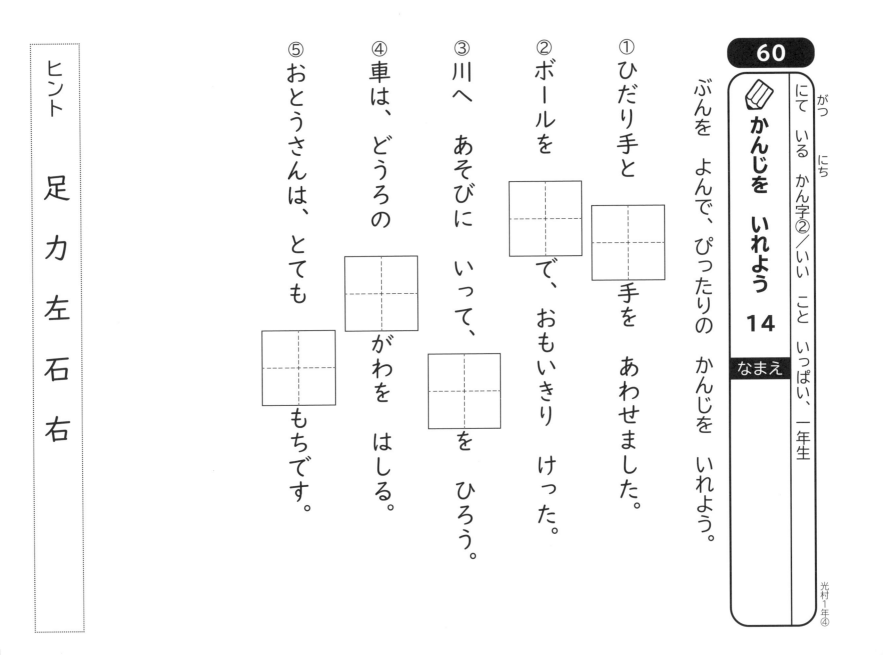

がつ　にち

61

ふくしゅうもんだい①

かんじを いれよう 15

なまえ

ぶんを よんで、ぴったりの かんじを いれよう。

①かぜが ふいて、さくらの □ びらが ちる。

② □ や 林には、木が たくさん ある。

③はしの 下に □ が ながれている。

④おかあさんと、にわの □ むしりを する。

⑤かぐやひめは、□ から 生まれた。

⑥たかい □ の 上に、ゆきが つもっている。

ヒント

草　花　竹　森　川　山

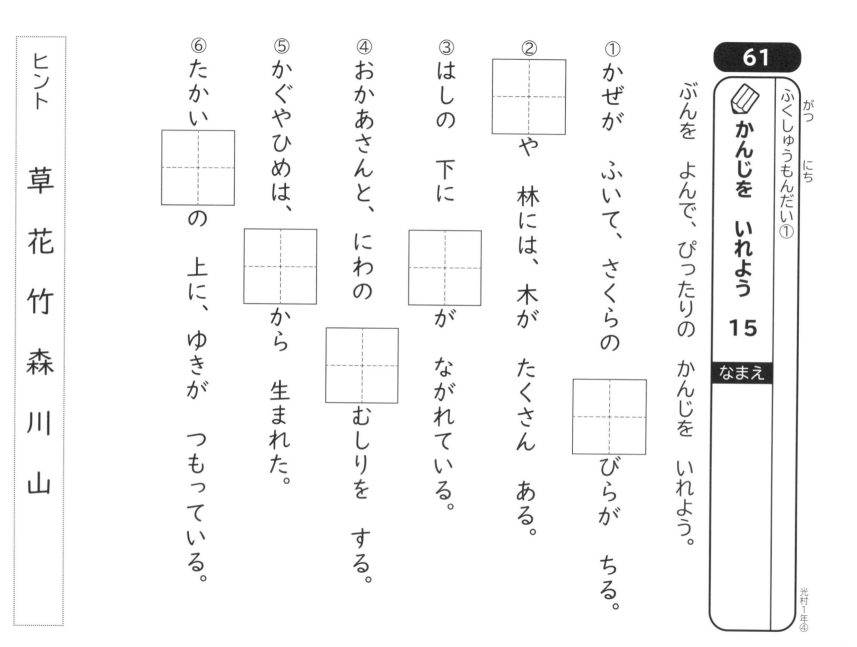

がつ　にち

62

ふくしゅうもんだい②

かんじを　いれよう　16

なまえ

ぶんを　よんで、ぴったりの　かんじを　いれよう。

①雨が　ふって、□たまりが　できた。

②さるは、□のぼりが　とくいだ。

③こんやは、まんまるな　お□さまが　出た。

④あさがおの　たねを、□に　うめました。

⑤みずを　かけて、たきびの　□を　けした。

⑥本を　かって、お□を　はらいました。

ヒント

月　火　水　木　金　土

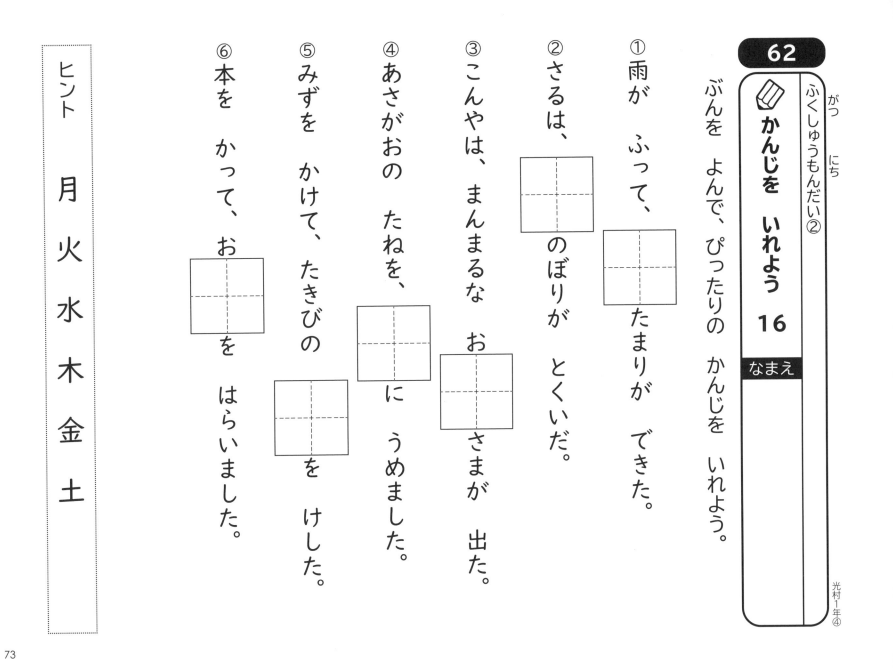

答え

（解答例）

1

がつ にち
やくそく／うみの かくれんぼ／かずと かんじ①

ぴったりかんじ 1

なまえ

ぴったりの かんじを かこう。

① 木《き》の したで まつ。

② ぞうは 大《おお》きい。

③ 小《ちい》さい おんなのこ。

④ いぬが 一《いっ》ぴき。

⑤ おにぎりが 二《に》こ。

⑥ 三《さん》びきの こぶた。

光村1年①

10

2

がつ にち
かずと かんじ②

ぴったりかんじ 2

なまえ

ぴったりの かんじを かこう。

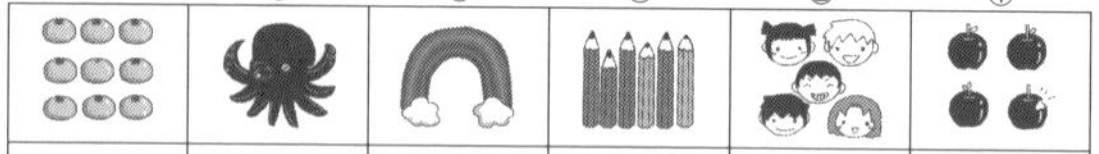

① りんごが 四《よん》こ。

② こどもが 五《ご》にん。

③ 六《ろっ》ぽんの えんぴつ。

④ 七《なな》いろの にじ。

⑤ あしが 八《はっ》ぽん。

⑥ みかんが 九《きゅう》こ。

光村1年①

11

3

がつ にち
かずと かんじ③／くじらぐも①

ぴったりかんじ 3

なまえ

ぴったりの かんじを かこう。

① 十《じゅう》まで かぞえる。

② 子《こ》ねこが うまれる。

③ あおい 空《そら》。

④ おとこの 先《せん》せい。

⑤ 一ねん生《せい》に なる。

⑥ げんきな 男《おとこ》のこ。

光村1年①

12

4

がつ にち
くじらぐも②／まちがいを なおそう①

ぴったりかんじ 4

なまえ

ぴったりの かんじを かこう。

① かわいい 女《おんな》の子。

② 手《て》を あらう。

③ 天《てん》しの はね。

④ 青《あお》い うみ。

⑤ さく文《ぶん》を かく。

⑥ ふでで 字《じ》を かく。

光村1年①

13

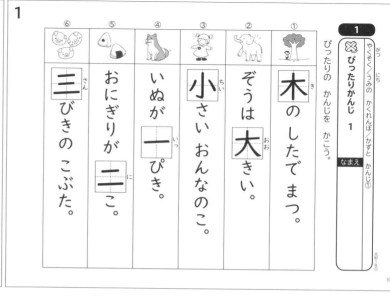

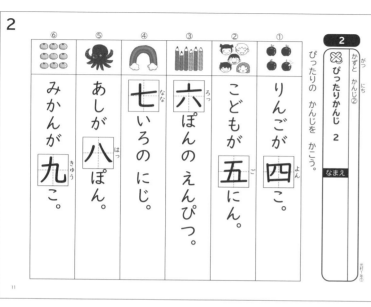

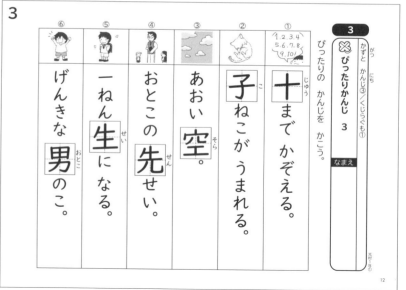

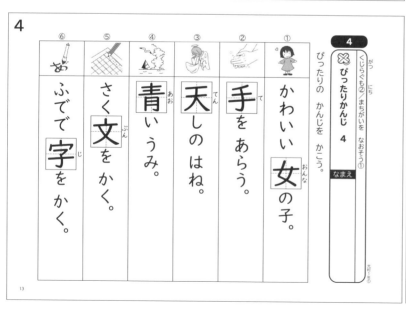

5

5

ぴったりかんじ 5

まちがいを なおそう②／しらせたいな、みせたいな／かん字の はなし①

がつ　にち　なまえ

ぴったりの かんじを かこう。

① 正《ただ》しい こたえ。

② ほしを 見《み》る。

③ 学《がっ》こうの つくえ。

④ 校《こう》ちょう先生

⑤ 山《やま》に のぼる。

⑥ 水《みず》を のむ。

6

6

ぴったりかんじ 6

かん字の はなし②

がつ　にち　なまえ

ぴったりの かんじを かこう。

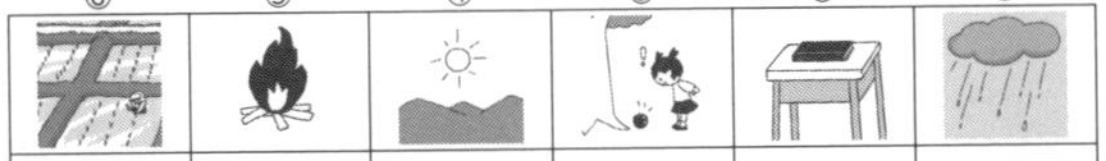

① 雨《あめ》が ふる。

② つくえの 上《うえ》の ほん。

③ 木の 下《した》を さがす。

④ 日《ひ》が のぼる。

⑤ 火《ひ》を もやす。

⑥ 田《た》うえを する。

7

7

ぴったりかんじ 7

かん字の はなし③／じどうしゃくらべ／じどうしゃずかんを つくろう

がつ　にち　なまえ

ぴったりの かんじを かこう。

① 川《かわ》で さかなつり。

② 竹《たけ》やぶの なか。

③ お月《つき》さまを 見る。

④ じどう車《しゃ》が はしる。

⑤ 男の 人《ひと》。

⑥ げん気《き》いっぱい。

8

8

ぴったりかんじ 8

たぬきの いと車①

がつ　にち　なまえ

ぴったりの かんじを かこう。

① け糸《いと》の セーター。

② 目《め》を ぱちくりする。

③ しゃぼん玉《だま》 とんだ。

④ 山あいの 村《むら》。

⑤ 白《しろ》い とり。

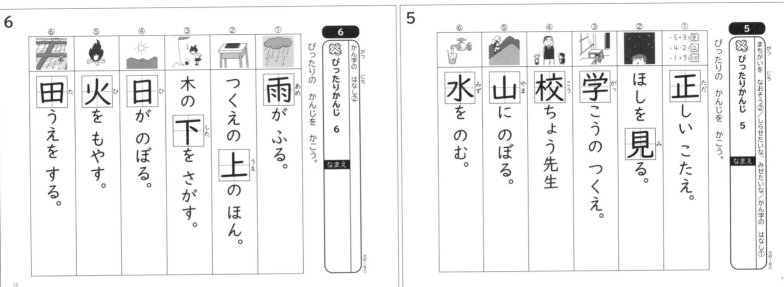

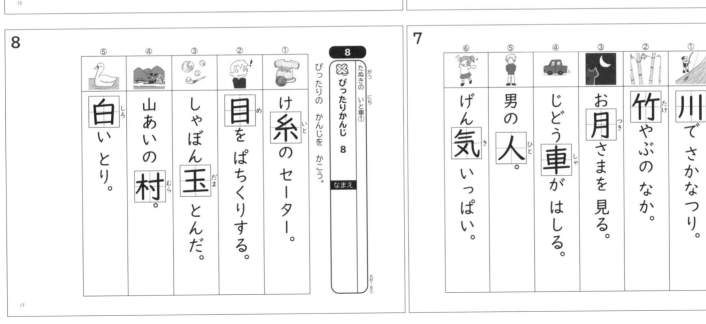

9

9

ぴったりかんじ 9

たぬきの 糸車②／日づけと よう日

がつ にち

なまえ

ぴったりの かんじを かこう。

① 土《つち》から めを だす。

② 音《おと》を ならす。

③ きれいな 花《はな》が さく。

④ 木の 下で 休《やす》む。

⑤ 虫《むし》とりに いく。

⑥ お金《かね》を はらう。

光村1年①

18

10

10

ぴったりかんじ 10

むかしばなしを よもう／おかゆの おなべ

がつ にち

なまえ

ぴったりの かんじを かこう。

① すきな 本《ほん》を よむ。

② 森《もり》で まよう。

③ そとに 出《で》る。

④ まん中《なか》に たつ。

⑤ 町《まち》を あるく。

⑥ プールに 入《はい》る。

光村1年①

19

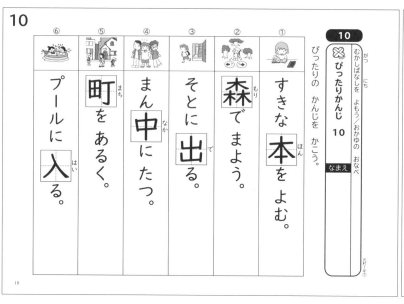

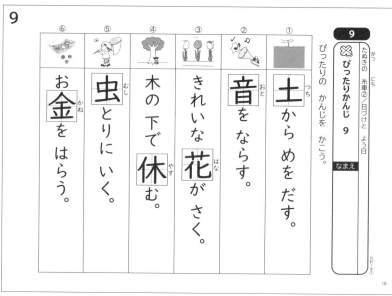

2学期の答え

11〜14

11

11 かんじ たしざん 1

がつ にち やくそく／うみの かくれんぼ／かずと かんじ①

なまえ

かんじの たしざんを しよう。

*こたえの かんじで ことばを つくろう。

① 十＋八＝木 → 木のぼり
② 一＋人＝大 → 大きい
③ 亅＋八＝小 → 小さい
④ 一＝一 → 一つ
⑤ 一＋一＝二 → 二さい
⑥ 一＋二＝三 → 三にん

光村1年②

20

12

12 かんじ たしざん 2

がつ にち かずと かんじ②

なまえ

かんじの たしざんを しよう。

*こたえの かんじで ことばを つくろう。

① 冂＋儿＋一＝四 → 四かく
② 一＋力＋一＝五 → 五がつ
③ 亠＋八＝六 → 六こ
④ 一＋乚＝七 → 七五三
⑤ ノ＋㇏＝八（別解 入） → 八まい
⑥ ノ＋乙＝九 → 九じ

光村1年②

21

13

13 かんじ たしざん 3

がつ にち かずと かんじ③／くじらぐも①

なまえ

かんじの たしざんを しよう。

*こたえの かんじで ことばを つくろう。

① 一＋｜＝十 → 十えん
② 了＋一＝子 → 子ども
③ 宀＋儿＋工＝空 → 空もよう
④ ノ＋土＋儿＝先 → 先生
⑤ 𠂉＋｜＋二＝生 → 一ねん生
⑥ 田＋力＝男 → 男の子

光村1年②

22

14

14 かんじ たしざん 4

がつ にち くじらぐも②／まちがいを なおそう①

なまえ

かんじの たしざんを しよう。

*こたえの かんじで ことばを つくろう。

① く＋ノ＋一＝女 → 女の子
② ノ＋二＋亅＝手 → 手ぶくろ
③ 一＋大＝天 → 天き
④ 龶＋月＝青 → 青い
⑤ 亠＋乂＝文 → 文しょう
⑥ 宀＋子＝字 → かん字

光村1年②

23

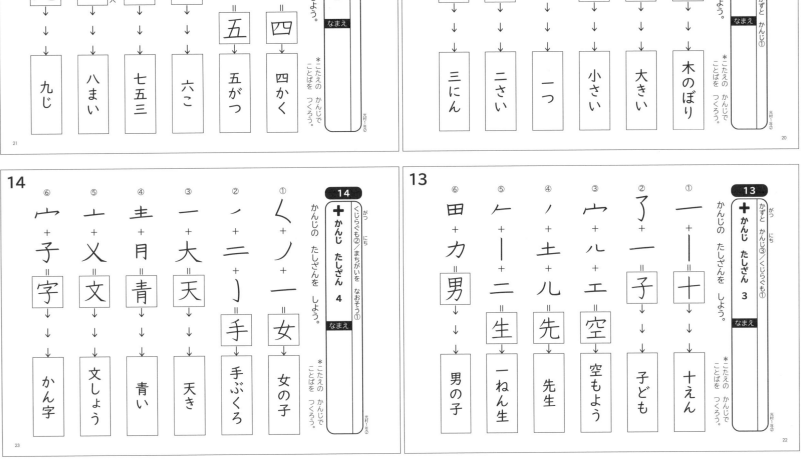

2学期の答え 15〜18

15

15

がつ　にち

まちがいを　なおそう②／しらせたいな、みせたいな／かん字の　はなし①

＋かんじ　たしざん　5

なまえ

かんじの　たしざんを　しよう。

① 一 ＋ ト ＋ 丄 ＝ 正 → 正しい
② 目 ＋ 儿 ＝ 見 → 見る
③ ⺍ ＋ 冖 ＋ 子 ＝ 学 → 学しゅう
④ 木 ＋ 亠 ＋ 父 ＝ 校 → 校もん
⑤ 丨 ＋ 凵 ＝ 山 → 山のぼり
⑥ 亅 ＋ フ ＋ く ＝ 水 → 水あそび

＊こたえの　かんじで　ことばを　つくろう。

光村1年②

24

16

16

がつ　にち

かん字の　はなし②

＋かんじ　たしざん　6

なまえ

かんじの　たしざんを　しよう。

① 一 ＋ 巾 ＋ ⁚⁚ ＝ 雨 → にわか雨
② ト ＋ 一 ＝ 上 → 木の　上
③ 一 ＋ ト ＝ 下 → 下じき
④ 冂 ＋ 一 ＋ 一 ＝ 日 → お日さま
⑤ ソ ＋ 人 ＝ 火 → たき火
⑥ 冂 ＋ 十 ＋ 一 ＝ 田 → 田んぼ

＊こたえの　かんじで　ことばを　つくろう。

光村1年②

25

17

17

がつ　にち

かん字の　はなし③／じどうしゃくらべ／じどうしゃずかんを　つくろう

＋かんじ　たしざん　7

なまえ

かんじの　たしざんを　しよう。

① ノ ＋ 丨 ＋ 丨 ＝ 川 → 川あそび
② ケ ＋ ケ ＝ 竹 → 竹やぶ
③ 冂 ＋ ＝ ＝ 月 → お月さま
④ 亘 ＋ 一 ＋ 丨 ＝ 車 → でん車
⑤ ノ ＋ ㇏ ＝ 人 → 人さしゆび
⑥ ⺈ ＋ ㇅ ＋ メ ＝ 気 → 気もち

＊こたえの　かんじで　ことばを　つくろう。

光村1年②

26

18

18

がつ　にち

たぬきの　いと車①

＋かんじ　たしざん　8

なまえ

かんじの　たしざんを　しよう。

① 幺 ＋ 小 ＝ 糸 → 糸でんわ
② 冂 ＋ 三 ＝ 目 → 目ぐすり
③ 王 ＋ 、 ＝ 玉 → 玉いれ
④ 木 ＋ 寸 ＝ 村 → 村まつり
⑤ ノ ＋ 日 ＝ 白 → 白ぐみ

＊こたえの　かんじで　ことばを　つくろう。

光村1年②

27

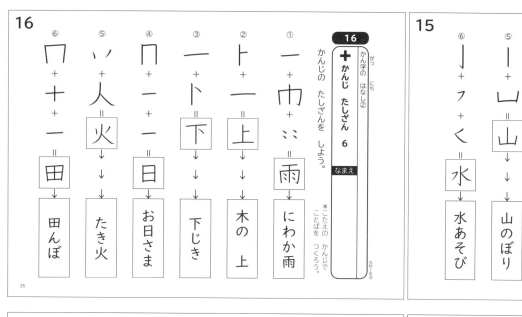

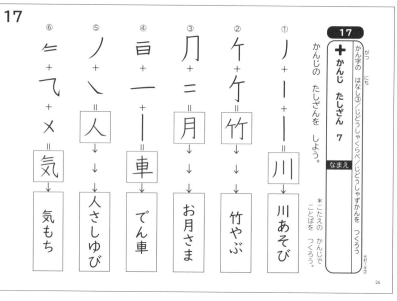

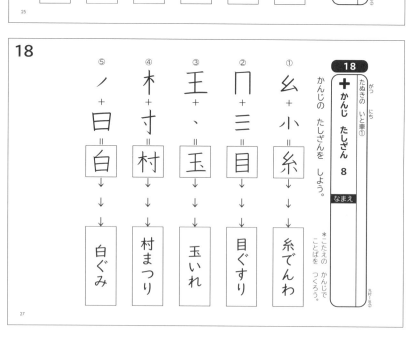

19

19

かんじ　たしざん　9

たぬきの　糸車②／日づけと　よう日

がつ　にち　なまえ

かんじの　たしざんを　しよう。

*こたえの　かんじで　ことばを　つくろう。

① 十 + 一 = 土 → 土よう日

② 立 + 日 = 音 → あし音

③ 艹 + イ + 匕 = 花 → 花びら

④ イ + 木 = 休 → なつ休み

⑤ 口 + 丨 + ㇀丶 = 虫 → 虫かご

⑥ 𠆢 + 干 + 丷 = 金 → お金

光村1年②

28

20

20

かんじ　たしざん　10

むかしばなしを　よもう／おかゆの　おなべ

がつ　にち　なまえ

かんじの　たしざんを　しよう。

*こたえの　かんじで　ことばを　つくろう。

① 十 + 八 + 一 = 本 → 本だな

② 木 + 木 + 木 = 森 → 森ごや

③ 丨 + 凵 + 凵 = 出 → 出ぐち

④ 口 + 丨 = 中 → まん中

⑤ 田 + 丁 = 町 → 町かど

⑥ ノ + ㇏ = 入（別解　八） → 入る

光村1年②

29

2学期の答え　19〜20

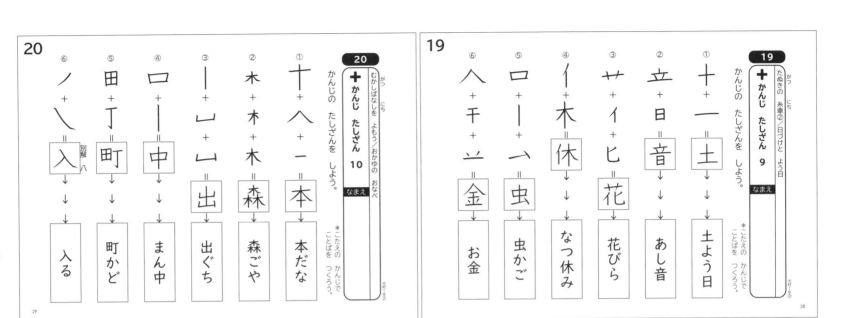

21

21 やくそく／うみの かくれんぼ／かずと かんじ①　がつ　にち

たりないのは どこ（かたちを よくみて）1

なまえ

たりない ところを みつけて、ただしく かこう。

① 才《き》のぼり → 木のぼり
② 人《おお》きい → 大きい
③ ハ《ちい》さい → 小さい
④ 一《ひと》つ → 一つ
⑤ 一《に》さい → 二さい
⑥ 二《さん》にん → 三にん

光村1年③

22

22 かずと かんじ②　がつ　にち

たりないのは どこ（かたちを よくみて）2

なまえ

たりない ところを みつけて、ただしく かこう。

① 四《し》かく → 四かく
② 五《ご》がつ → 五がつ
③ 六《ろっ》こ → 六こ
④ 七《しち》五《ご》三《さん》 → 七五三
⑤ 八《はち》まい → 八まい
⑥ 九《く》じ → 九じ

光村1年③

23

23 かずと かんじ③／くじらぐも①　がつ　にち

たりないのは どこ（かたちを よくみて）3

なまえ

たりない ところを みつけて、ただしく かこう。

① ｜《じゅう》えん → 十えん
② 子《こ》ども → 子ども
③ 空《そら》もよう → 空もよう
④ 先《せん》生《せい》 → 先生
⑤ 一《いち》ねん生《せい》 → 一ねん生
⑥ 男《おとこ》の子《こ》 → 男の子

光村1年③

24

24 くじらぐも②／まちがいを なおそう①　がつ　にち

たりないのは どこ（かたちを よくみて）4

なまえ

たりない ところを みつけて、ただしく かこう。

① 女《おんな》の子《こ》 → 女の子
② 手《て》ぶくろ → 手ぶくろ
③ 大《てん》き → 天き
④ 青《あお》い → 青い
⑤ 文《ぶん》しょう → 文しょう
⑥ かん字《じ》 → かん字

光村1年③

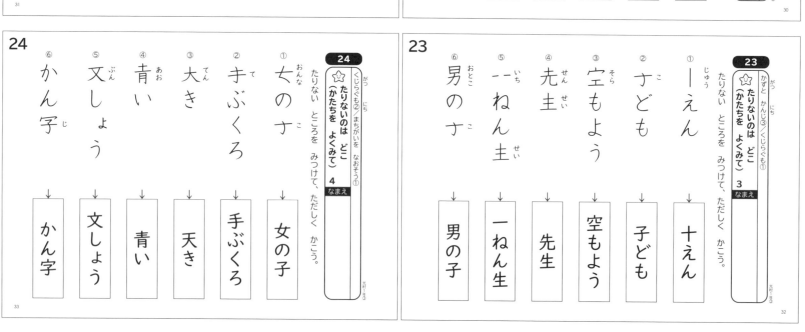

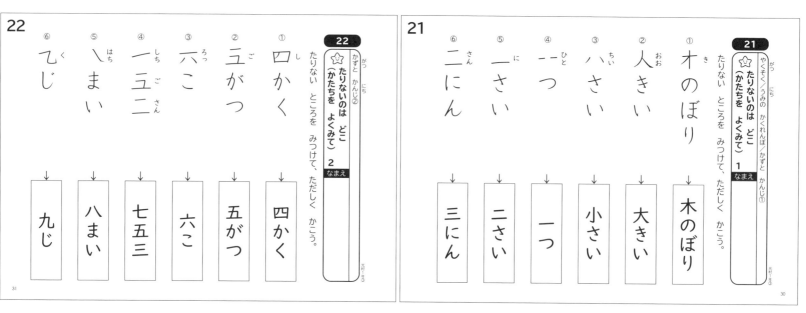

2学期の答え 25～28

25

25 がつ にち まちがいを なおそう②／しらせたいな、みせたいな／かん字の はなし①

たりないのは どこ (かたちを よくみて) 5 なまえ

たりない ところを みつけて、ただしく かこう。

① 王《ただ》しい → 正しい

② 見《み》る → 見る

③ 字《がく》しゅう → 学しゅう

④ 校《こう》もん → 校もん

⑤ 山《やま》のぼり → 山のぼり

⑥ 水《みず》あそび → 水あそび

光村1年③

34

26

26 がつ にち かん字の はなし②

たりないのは どこ (かたちを よくみて) 6 なまえ

たりない ところを みつけて、ただしく かこう。

① にわか雨《あめ》 → にわか雨

② 才《き》の 上《うえ》 → 木の 上

③ 丁《した》じき → 下じき

④ お口《ひ》さま → お日さま

⑤ たき人《び》 → たき火

⑥ 日《た》んぼ → 田んぼ

光村1年③

35

27

27 がつ にち かん字の はなし③／じどうしゃくらべ／じどうしゃずかんを つくろう

たりないのは どこ (かたちを よくみて) 7 なまえ

たりない ところを みつけて、ただしく かこう。

① 川《かわ》あそび → 川あそび

② 竹《たけ》やぶ → 竹やぶ

③ お月《つき》さま → お月さま

④ でん車《しゃ》 → でん車

⑤ ノ《ひと》さしゆび → 人さしゆび

⑥ 気《き》もち → 気もち

光村1年③

36

28

28 がつ にち たぬきの いと車①

たりないのは どこ (かたちを よくみて) 8 なまえ

たりない ところを みつけて、ただしく かこう。

① 糸《いと》でんわ → 糸でんわ

② 口《め》ぐすり → 目ぐすり

③ 王《たま》いれ → 玉いれ

④ 村《むら》まつり → 村まつり

⑤ 日《しろ》ぐみ → 白ぐみ

光村1年③

37

29

たぬきの 糸車②／ひづけと ようび　がつ　にち

29 たりないのは どこ (かたちを よくみて) 9

なまえ

たりない ところを みつけて、ただしく かこう。

① 十《ど》よう口《び》 → 土よう日

② あし音《おと》 → あし音

③ 花《はな》びら → 花びら

④ なつ什《やす》み → なつ休み

⑤ 虫《むし》かご → 虫かご

⑥ お全《かね》 → お金

光村1年③

38

30

むかしばなしを よもう／おかゆの おなべ　がつ　にち

30 たりないのは どこ (かたちを よくみて) 10

なまえ

たりない ところを みつけて、ただしく かこう。

① 木《ほん》だな → 本だな

② 森《もり》ごや → 森ごや

③ 出《で》ぐち → 出ぐち

④ まん口《なか》 → まん中

⑤ 町《まち》かど → 町かど

⑥ へ《はい》る → 入る

光村1年③

39

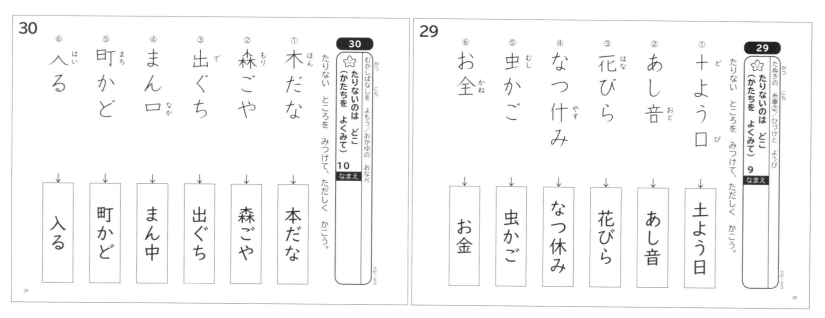

2学期の答え 31～34

31

やくそく／うみの かくれんぼ／かずと かんじ①　がつ　にち

かんじを いれよう 1

なまえ

ぶんを よんで、ぴったりの かんじを いれよう。

①おとうとが、三りんしゃに のっている。

②アフリカぞうの みみは とても 大きい。

③むしめがねで、小さな ありを みる。

④さるは、木のぼりが とくいだ。

⑤ほうちょうで、ケーキを 二つに きる。

⑥せかいに、ただ 一つだけの たからものだ。

ヒント　木　大　小　一　二　三

光村1年④

32

かずと かんじ②　がつ　にち

かんじを いれよう 2

なまえ

ぶんを よんで、ぴったりの かんじを いれよう。

①たこの あしは、八ぽん ある。

②あめあがりに、七いろの にじが かかる。

③おかしが、四かくい はこに はいっている。

④てと あしには、五ほんの ゆびが ある。

⑤十から 一を ひくと、九に なる。

⑥四と 六を あわせると、十に なる。

ヒント　四　五　六　七　八　九

光村1年④

33

かずと かんじ③／くじらぐも①　がつ　にち

かんじを いれよう 3

なまえ

ぶんを よんで、ぴったりの かんじを いれよう。

①五えんだまが 二まいで、十えんに なる。

②こうえんで、子どもたちが あそんでいる。

③ひこうきが、あおい 空を とんでいる。

④かんじの しゅくだいを、先せいに みせる。

⑤一ねん生が、えんそくに いく。

⑥おとうさんと ぼくは、男どうし。

ヒント　空　男　先　十　生　子

光村1年④

34

くじらぐも②／まちがいを なおそう①　がつ　にち

かんじを いれよう 4

なまえ

ぶんを よんで、ぴったりの かんじを いれよう。

①あかい スカートを はいた 女の子。

②みんなで 手を つないで、まるく なる。

③あしたは はれるか、天きよほうを みた。

④よい てんきで、青い 空が ひろがる。

⑤えんそくの ことを、さく文に かく。

⑥ならった かん字を れんしゅうする。

ヒント　天　手　字　文　女　青

光村1年④

2学期の答え

35～38

35

35

まちがいを なおそう②／しらせたいな、みせたいな／かん字の はなし①

かんじを いれよう 5

なまえ

ぶんを よんで、ぴったりの かんじを いれよう。

①あの子は いつも、れいぎ**正**しい。

②お手ほんを、よく**見**て かきましょう。

③まいあさ、八じに**学**こうに つく。

④クラスに、あたらしい てん**校**生が きた。

⑤たかい**山**の うえに、ゆきが つもっている。

⑥あめが ふって、**水**たまりが できた。

光村1年④

ヒント 正 校 見 水 学 山

44

36

36

かん字の はなし②

かんじを いれよう 6

なまえ

ぶんを よんで、ぴったりの かんじを いれよう。

①きょうは、あさから**雨**が ふっている。

②つくえの**上**に、りんごが のっている。

③つくえの**下**に、えんぴつを おとした。

④きょうは くもりで、お**日**さまが 見えない。

⑤水を かけて、たきびの**火**を けした。

⑥おじいさんが、**田**んぼで おこめを つくる。

光村1年④

ヒント 下 田 上 雨 火 日

45

37

37

かん字の はなし③／じどうしゃくらべ／じどうしゃずかんを つくろう

かんじを いれよう 7

なまえ

ぶんを よんで、ぴったりの かんじを いれよう。

①はしの 下に **川**が ながれている。

②かぐやひめは、**竹**から うまれた。

③こんやは、まんまるな お**月**さまが でた。

④おとうさんは、でん**車**で かいしゃに いく。

⑤バスは、たくさんの **人**を のせて はしる。

⑥かたちに **気**を つけて かきましょう。

光村1年④

ヒント 人 月 車 川 気 竹

46

38

38

たぬきの いと車①

かんじを いれよう 8

なまえ

ぶんを よんで、ぴったりの かんじを いれよう。

①はりに **糸**を とおして、ボタンを つける。

②きょうは、あさ 六じに **目**が さめた。

③うんどうかいで、**玉**いれを しました。

④山おくに、小さな **村**が ありました。

⑤いちめんに、**白**い ゆきが つもりました。

光村1年④

ヒント 白 目 村 糸 玉

47

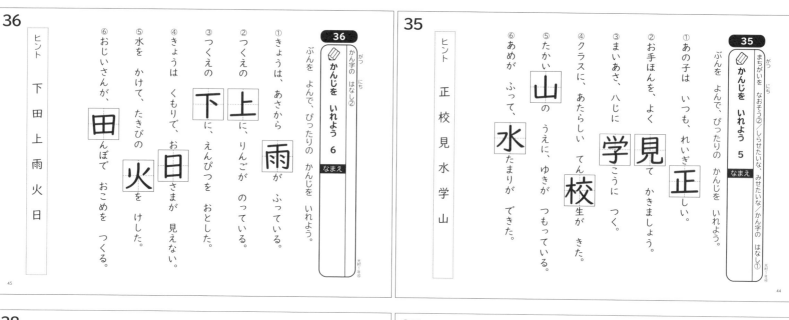

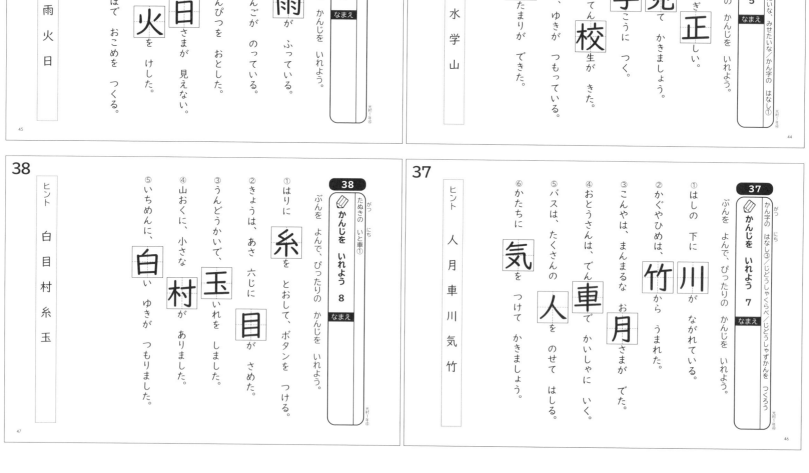

39

39

たぬきの　糸車②／日づけと　よう日

がつ　にち

かんじを　いれよう　9

なまえ

ぶんを　よんで、ぴったりの　かんじを　いれよう。

①あさがおの　たねを、土に　うめました。

②とおくで、はな火の　音が　きこえました。

③かぜが　ふいて、さくらの　花びらが　ちる。

④なつ休みに、うみで　およぎました。

⑤とんぼを　つかまえて、虫かごに　いれる。

⑥ほんを　かって、お金を　はらいました。

ヒント　金　花　虫　休　音　土

光村1年④

48

40

40

むかしばなしを　よもう／おかゆの　おなべ

がつ　にち

かんじを　いれよう　10

なまえ

ぶんを　よんで、ぴったりの　かんじを　いれよう。

①としょかんで、本を　二さつ　かりました。

②森や　はやしには、木が　たくさん　ある。

③山の　上から、月が　出る。

④ふくろの　中には、なにが　あるでしょう。

⑤むこうの　町かどに、ポストが　たっている。

⑥きょうの　二じかん目は、プールに　入る。

ヒント　出　本　町　入　中　森

光村1年④

49

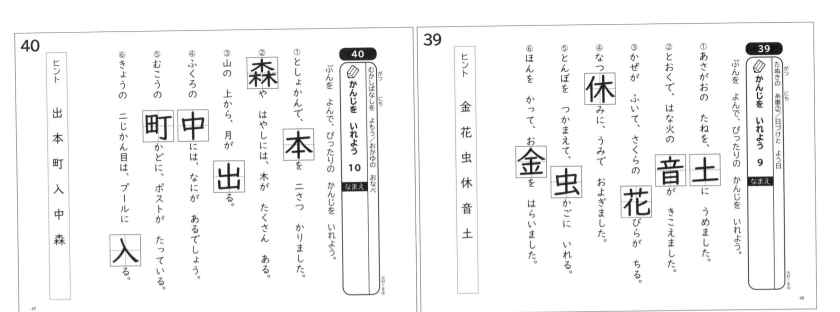

41

がつ　にち
どうぶつの　あかちゃん①
ぴったりかんじ 11
なまえ

ぴったりの　かんじを　かこう。

① 赤《あか》ちゃんを　だっこ。
② 耳《みみ》を　すます。
③ りっぱな　王《おう》さま。
④ 口《くち》を　あける。
⑤ ぼくは　一年《ねん》生。

光村1年①

42

がつ　にち
どうぶつの　赤ちゃん②／ものの　なまえ①
ぴったりかんじ 12
なまえ

ぴったりの　かんじを　かこう。

① ろうそくを　立《た》てる。
② うまに　草《くさ》を　やる。
③ 名《な》ふだを　つける。
④ うつくしい　夕《ゆう》やけ。
⑤ 百《ひゃく》てんを　とった。
⑥ ひゃく円《えん》玉

光村1年①

43

がつ　にち
ものの　名まえ②／ずうっと、ずっと、大すきだよ／にて　いる　かん字①
ぴったりかんじ 13
なまえ

ぴったりの　かんじを　かこう。

① 千《せん》円さつ
② 犬《いぬ》の　さんぽ。
③ あさ　早《はや》く　おきる。
④ 貝《かい》がらを　見つけた。
⑤ 林《はやし》で　かくれんぼ。

光村1年①

44

がつ　にち
にて　いる　かん字②／いい　こと　いっぱい、一年生
ぴったりかんじ 14
なまえ

ぴったりの　かんじを　かこう。

① 右《みぎ》手を　上げる。
② みぎ足《あし》を　上げる。
③ 石《いし》ころを　ならべる。
④ 左《ひだり》ききの　子ども。
⑤ 力《ちから》もちだぞ。

光村1年①

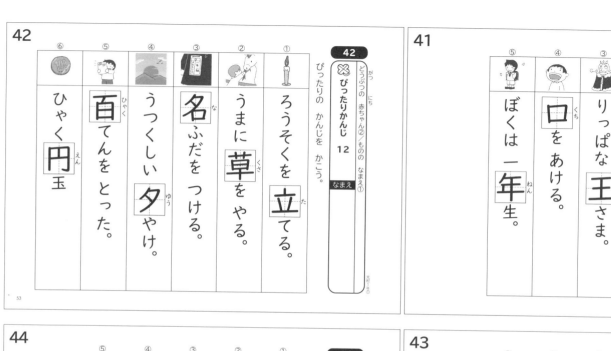

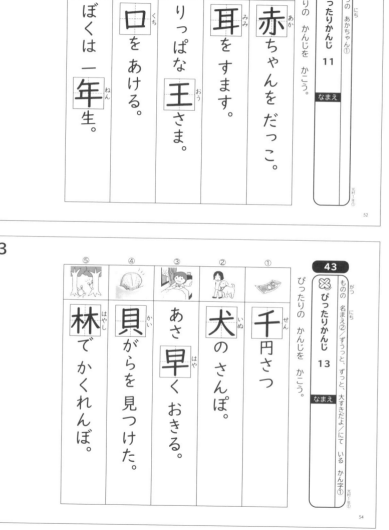

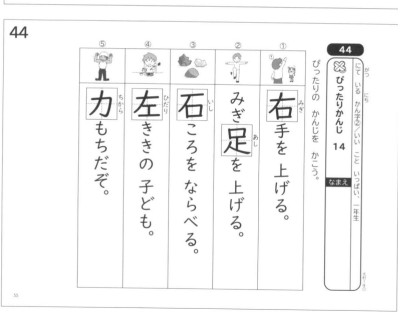

3学期の答え 45～48

45

45 どうぶつの あかちゃん① がつ にち
＋かんじ たしざん 11
なまえ

かんじの たしざんを しよう。

① 土＋川＋八＝赤 → 赤ちゃん
② 一＋上＋｜＝耳 → 耳かき
③ 丁＋二＝王 → 王さま
④ 冂＋一＝口 → 口ぶえ
⑤ 𠂉＋工＋｜＝年 → らい年

＊こたえの かんじで ことばを つくろう。

光村1年②

56

46

46 どうぶつの 赤ちゃん②／ものの なまえ① がつ にち
＋かんじ たしざん 12
なまえ

かんじの たしざんを しよう。

① 亠＋リ＋一＝立 → 立つ
② 艹＋日＋十＝草 → 草むら
③ 夕＋口＝名 → 名ふだ
④ ク＋、＝夕 → 夕やけ
⑤ 一＋白＝百 → 百てん
⑥ 冂＋丄＝円 → 五円

＊こたえの かんじで ことばを つくろう。

光村1年②

57

47

47 ものの 名まえ②／ずうっと、ずっと、大すきだよ／にて いる かん字① がつ にち
＋かんじ たしざん 13
なまえ

かんじの たしざんを しよう。

① ノ＋十＝千 → 千にん
② 大＋、＝犬 → 犬ごや
③ 日＋十＝早 → 早おき
④ 目＋八＝貝 → 貝がら
⑤ 木＋木＝林 → 竹林

＊こたえの かんじで ことばを つくろう。

光村1年②

58

48

48 にて いる かん字②／いい こと いっぱい、一年生 がつ にち
＋かんじ たしざん 14
なまえ

かんじの たしざんを しよう。

① ナ＋口＝右 → 右手
② 口＋卜＋人＝足 → 足あと
③ 厂＋口＝石 → 石ころ
④ ナ＋エ＝左 → 左がわ
⑤ フ＋ノ＝力 → 力もち

＊こたえの かんじで ことばを つくろう。

光村1年②

59

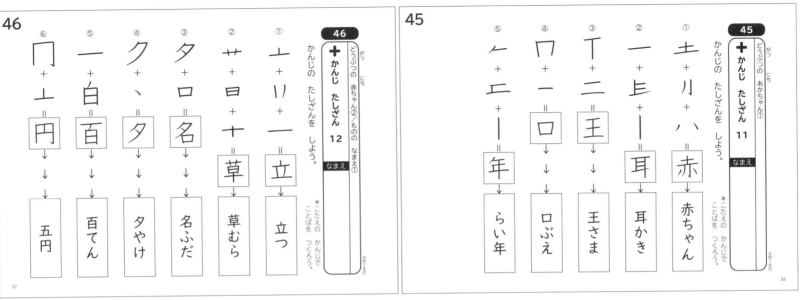

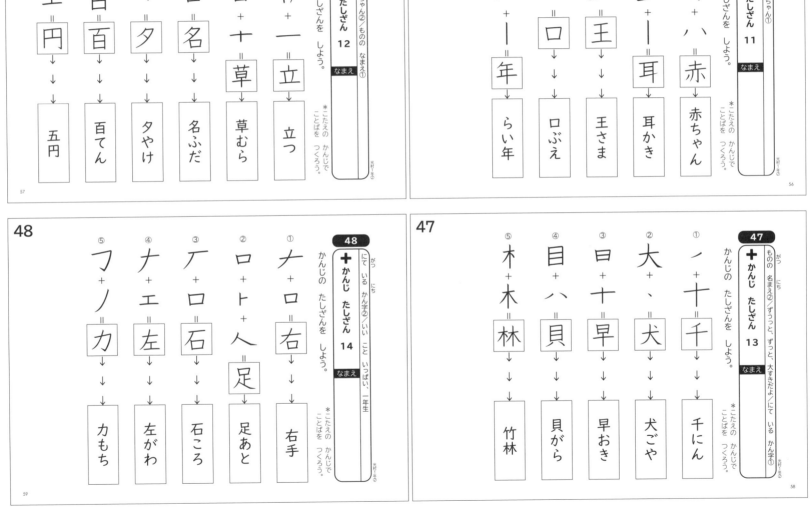

49

49

がつ　にち

ふくしゅうもんだい①

＋かんじ　たしざん　15

なまえ

かんじの　たしざんを　しよう。

＊こたえの　かんじで　ことばを　つくろう。

① 冂＋二＝月 → お月さま

② ⺍＋人＝火 → たき火

③ 亅＋フ＋く＝水 → 水あそび

④ 十＋八＝木 → 木のぼり

⑤ 𠆢＋干＋丷＝金 → お金

⑥ 十＋一＝土 → 土よう日

光村1年②

60

50

50

がつ　にち

ふくしゅうもんだい②

＋かんじ　たしざん　16

なまえ

かんじの　たしざんを　しよう。

＊こたえの　かんじで　ことばを　つくろう。

① 冂＋三＝目 → 目ぐすり

② ノ＋二＋亅＝手 → 手ぶくろ

③ 一＋𠃛＋丨＝耳 → 耳かき

④ 口＋ト＋人＝足 → 足あと

⑤ 冂＋一＝口 → 口ぶえ

⑥ ノ＋丶＝人 → 人さしゆび

光村1年②

61

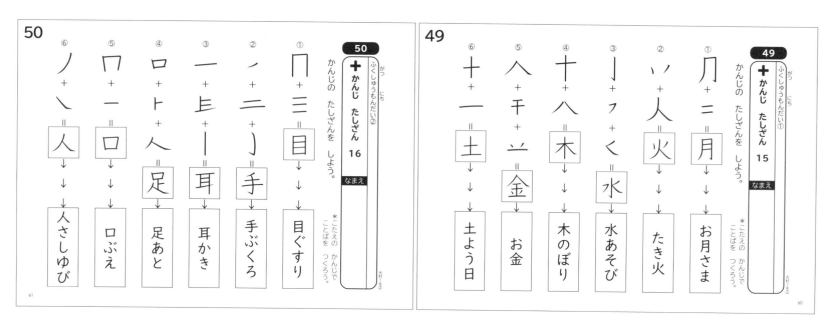

51

51 どうぶつの あかちゃん① がつ にち

たりないのは どこ (かたちを よくみて) 11 なまえ

たりない ところを みつけて、ただしく かこう。

① 赤《あか》ちゃん
② 耳《みみ》かき
③ 工《おう》さま
④ 口《くち》ぶえ
⑤ らい年《ねん》

答え：赤ちゃん／耳かき／王さま／口ぶえ／らい年

光村1年③ 62

52

52 どうぶつの 赤ちゃん②／ものの なまえ① がつ にち

たりないのは どこ (かたちを よくみて) 12 なまえ

たりない ところを みつけて、ただしく かこう。

① 立《た》つ
② 草《くさ》むら
③ 名《な》ふだ
④ ク《ゆう》やけ
⑤ 百《ひゃく》てん
⑥ 五《ご》円《えん》

答え：立つ／草むら／名ふだ／夕やけ／百てん／五円

光村1年③ 63

53

53 ものの 名まえ②／ずうっと、ずっと、大すきだよ／にて いる かん字① がつ にち

たりないのは どこ (かたちを よくみて) 13 なまえ

たりない ところを みつけて、ただしく かこう。

① 十《せん》にん
② 大《いぬ》ごや
③ 早《はや》おき
④ 貝《かい》がら
⑤ 竹《たけ》林《ばやし》

答え：千にん／犬ごや／早おき／貝がら／竹林

光村1年③ 64

54

54 にて いる かん字②／いい こと いっぱい、一年生 がつ にち

たりないのは どこ (かたちを よくみて) 14 なまえ

たりない ところを みつけて、ただしく かこう。

① 右《みぎ》手《て》
② 足《あし》あと
③ 石《いし》ころ
④ 左《ひだり》がわ
⑤ 刀《ちから》もち

答え：右手／足あと／石ころ／左がわ／力もち

光村1年③ 65

55

55 ふくしゅうもんだい① がつ にち

たりないのは どこ（かたちを よくみて）

15 なまえ

たりない ところを みつけて、ただしく かこう。

① 花《はな》びら → 花びら

② 森《もり》ごや → 森ごや

③ 川《かわ》あそび → 川あそび

④ 草《くさ》むら → 草むら

⑤ 竹《たけ》やぶ → 竹やぶ

⑥ 山《やま》のぼり → 山のぼり

光村1年③

66

56

56 ふくしゅうもんだい② がつ にち

たりないのは どこ（かたちを よくみて）

16 なまえ

たりない ところを みつけて、ただしく かこう。

① お月《つき》さま → お月さま

② たき人《び》 → たき火

③ 水《みず》あそび → 水あそび

④ 木《き》のぼり → 木のぼり

⑤ お金《かね》 → お金

⑥ 十《ど》よう口《び》 → 土よう日

光村1年③

67

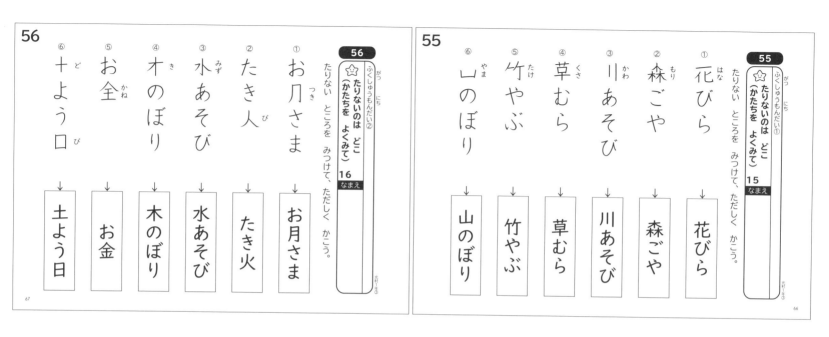

57

がつ　にち

どうぶつの　あかちゃん①

かんじを　いれよう　11

なまえ

ぶんを　よんで、ぴったりの　かんじを　いれよう。

① 車が、赤しんごうで　とまった。

② もの音が　したので、耳を　すました。

③ あの　おしろには、王さまが　すんでいる。

④ 大きな　口を　あけて、うたいましょう。

⑤ らい年は、二ねん生に　なります。

ヒント　王　耳　赤　年　口

光村1年④

58

がつ　にち

どうぶつの　赤ちゃん②／ものの　なまえ①

かんじを　いれよう　12

なまえ

ぶんを　よんで、ぴったりの　かんじを　いれよう。

① ケーキに　ろうそくを、七本　立てる。

② おかあさんと、にわの　草むしりを　する。

③ 学校に　いるときは、名ふだを　つける。

④ きのうの　夕がた、かいものに　いきました。

⑤ かん字の　テストで、百てんを　とった。

⑥ 五ひゃく円　もらって、かいものを　する。

ヒント　夕　立　名　百　円　草

光村1年④

59

がつ　にち

ものの　名まえ②／ずうっと、ずっと、大すきだよ／にて　いる　かん字①

かんじを　いれよう　13

なまえ

ぶんを　よんで、ぴったりの　かんじを　いれよう。

① かいもので、千円さつを　出した。

② こうえんまで、犬を　さんぽに　つれていく。

③ きょうは、いつもより　早おきを　しました。

④ すなはまで、貝がらを　見つけました。

⑤ 森や　林には、木が　たくさん　ある。

ヒント　早　林　犬　貝　千

光村1年④

60

がつ　にち

にて　いる　かん字②／いい　こと　いっぱい、一年生

かんじを　いれよう　14

なまえ

ぶんを　よんで、ぴったりの　かんじを　いれよう。

① ひだり手と　右手を　あわせました。

② ボールを　足で、おもいきり　けった。

③ 川へ　あそびに　いって、石を　ひろう。

④ 車は、どうろの　左がわを　はしる。

⑤ おとうさんは、とても　力もちです。

ヒント　足　力　左　石　右

光村1年④

61

61

ふくしゅうもんだい①　がつ　にち

かんじを　いれよう　15

なまえ

ぶんを　よんで、ぴったりの　かんじを　いれよう。

①かぜが　ふいて、さくらの　**花**びらが　ちる。

②**森**や　林には、木が　たくさん　ある。

③はしの　下に　**川**が　ながれている。

④おかあさんと、にわの　**草**むしりを　する。

⑤かぐやひめは、**竹**から　生まれた。

⑥たかい　**山**の　上に、ゆきが　つもっている。

ヒント　草　花　竹　森　川　山

光村1年④

72

62

62

ふくしゅうもんだい②　がつ　にち

かんじを　いれよう　16

なまえ

ぶんを　よんで、ぴったりの　かんじを　いれよう。

①雨が　ふって、**水**たまりが　できた。

②さるは、**木**のぼりが　とくいだ。

③こんやは、まんまるな　お**月**さまが　出た。

④あさがおの　たねを、**土**に　うめました。

⑤みずを　かけて、たきびの　**火**を　けした。

⑥本を　かって、お**金**を　はらいました。

ヒント　月　火　水　木　金　土

光村1年④

73

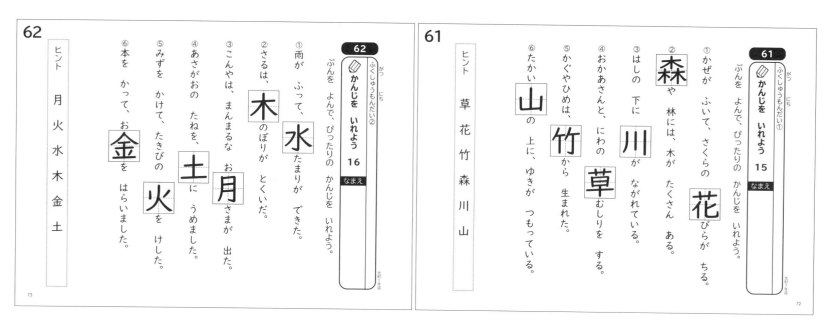

【監修者】
竹田　契一（たけだ　けいいち）
大阪医科薬科大学 LD センター顧問，大阪教育大学名誉教授

【著者】
村井　敏宏（むらい　としひろ）
青丹学園発達・教育支援センター フラーテル L.C.，
S.E.N.S（特別支援教育士）スーパーバイザー，言語聴覚士，
日本 LD 学会会員，日本 INREAL 研究会事務局

中尾　和人（なかお　かずひと）
小学校教諭，S.E.N.S（特別支援教育士），公認心理師，
精神保健福祉士，日本 LD 学会会員

【イラスト】 村井美穂，木村美穂
【表紙デザイン】 ㈲ケイデザイン

通常の学級でやさしい学び支援
改訂　読み書きが苦手な子どもへの
＜漢字＞支援ワーク　光村図書１年

2024年８月初版第１刷刊
監修者　竹田契一
©著者　村井敏宏
　　　　中尾和人
発行者　藤原光政
発行所　明治図書出版株式会社
http://www.meijitosho.co.jp
（企画・校正）西野千春
〒114-0023　東京都北区滝野川7-46-1
振替00160-5-151318　電話03（5907）6640
ご注文窓口　電話03（5907）6668

＊検印省略
組版所　株式会社明昌堂

Printed in Japan　ISBN978-4-18-889125-4

読み書きが苦手な子どもたちへ。

「ひらがなトレーニング」は、村井敏宏先生の長年にわたる、小学校ことばの教室での実践研究をベースにした教材プログラムです。このアプリが一味違うのは「子どもの言語発達」の流れに沿った難易度であり、しかも実証されたデータにも基づくわかりやすく、使いやすい教材だからです。

落ち着きがない、先生の話を聞くのが苦手、授業に集中できないなどの子どもたちでも、実際このアプリを使うと、最後まで楽しく、集中して取り組めていました。

子どもたちのヤル気を促し、教育効果の上がるゲーム感覚のアプリは今まででになかったものです。多くの方々に使っていただけたら幸いです。

大阪教育大学名誉教授　竹田契一

累計十万部の超ベストセラー

『通常の学級でやさしい学び支援』

◎シリーズ初のアプリ好評配信中

明治図書　お問い合わせ先：明治図書出版メディア事業課

〒114-0023 東京都北区滝野川 7-46-1

http://meijitosho.co.jp/app/kanatore/

e-mail: digital@meijitosho.co.jp